高山正之

ヒットラーは生きている

変見自在

新潮社

はじめに

ロサンゼルス特派員に出たとき、周りはみなアメリカ人かと思ったら、私はポーランドの出身でとか、フランス出だとか、なぜか本籍地を言い立てる。少し馴染みになると「英国人はどうしようもない」と別の誰かの本籍地批判を聞かされる。

そういうとき、「そうだね。英国人というのは」とか調子を合わせて英国人批判をやったりしてはいけない。

「何だ。お前は、日本人のくせして白人さまの悪口なぞ言うんじゃないぞ」と実際、口に出して文句を言われたこともあった。

中でユダヤ系は外国人の悪口は妙にうまいけれど、いい付き合いができたように思う。

だいたいロスにはユダヤ人の世界が多い。フェアファックス通りにはあの黒い帽子に黒い服を着たウルトラ正統派のコミュニティがあって、本物のコーシャミールも食べられる。パストラミサンドは実にうまかった。

ハリウッドのワーナー ブラザースもパラマウントもユニバーサルもみなユダヤ人が興したスタジオだ。

映画産業が確立され、名のある映画人、例えばパラマウントのアドルフ・ズコーらが名門ゴルフ場ロサンゼルスCCに入会を申し込んだ。

ここの会員はそのままロスの一流の人士の証になるが、ただし、それは白人のみ、ユダヤ系はお断りだった。頭にきたユダヤ系はロサンゼルスCCの南2キロほどの丘の上にユダヤ系専用のヒルクレストCCをつくった。そしたら敷地から石油が噴出した。

こちらも何度かプレーする機会を持ったが、ゴルフボールはそのときもタダだった。油田付きの豊かなCCの面影は残っていた。

街でもユダヤ人にはよく会う。サンタモニカのレストランに入ったら芥川賞作家の米谷ふみ子がいた。夫君の作家ジョッシュ・グリーンフェルドはハンガリー出身のユダヤ人で、以来、ユダヤ社会の興味ある話をいくつも話してくれた。

ユダヤ人と知り合うとよく過ぎ越しの祭りに招かれる。ニガヨモギも種なしパンもホントにまずかった。

フリーウエー10号線を小一時間、東に走るとクレアモント大があってピーター・ドラッカーが近くに住んでいた。

何度か散歩と食事に付き合った。「ゲルマンは山があれば山の上に住む」「イタリア人と日本人は山の下の川沿いに住む」とか民族のくせや性分について色々教わった。

そのころ街ではアダム・サンドラーの「ザ・ハヌカー・ソング」が流行っていた。「カーク・ダグラスは100％ユダヤ人、ゴールディ・ホーンは半分ユダヤ人、ハリソン・フォードは四分の一ユダヤ人。O・J・シンプソンは、あれは違った」というような歌詞だった。

ドラッカーを含めロスで会った多くのユダヤ系の人はみな興味深く、親切だった。

しかし、こと日本の歴史論評になると、なぜかユダヤ系の研究者が悪意をむき出しにして日本誹謗を展開してくる。

例えばベアテ・シロタだ。父に連れられて日本に逃れてきた彼女はアメリカンスクールを出ると「米国の大学に行きたい」と言い出した。

その前年、エビアン会議が開かれ、迫害されるユダヤ人の受け入れを話し合った。しかし米国は全権代表も送らなかったほど冷淡で、結局、どこも受け入れゼロで終わった。

同じ時期、独から追われたユダヤ人937人を乗せたセントルイス号は目的地キューバで入港を拒否された。米国は船が沿岸に近寄ることさえ拒んだ。ベアテがはいどうぞと入国できる雰囲気ではなかった。

で、彼女が頼みに行ったのが近所に住む元首相の広田弘毅だった。米国も彼の頼みは喜んで聞いてくれた。ベアテは晴れて米女子大に入れた。

しかし戦後、日本に戻ったベアテは日本を「後進国」と蔑み、マッカーサー憲法の草案執筆を鼻にかける嫌味な女になっていた。

何より許せないのが世話になった広田弘毅に死刑判決が出たとき、ベアテも父レオ・シロタも助命嘆願すらやらなかった。

フィリピンで捕虜になったレスター・テニー（アリゾナ州立大教授）は「バターン死の行進」を書き、「日本軍将校が馬上から日本刀を振るって捕虜の首を刎ねまわった」とか荒唐無稽の嘘を並べた。

笹幸恵がバターンを実際に歩いて「女の子でも歩けました」とその体験記を文藝春秋誌に載せたらテニーはサイモンウイゼンタール・センターを使って抗議してきた。先の戦争を検証することを許さなかった。

マイケル・ブルメンソールはもっと悪質だ。

この男はナチスを逃れて世界でたった一か所ユダヤ人を受け入れていた上海の日本租界にたどり着いて生き延びた。戦後、米国に渡ってカーター政権の財務長官にもなった。

引退後、上海を訪れ、「日本軍は我々を迫害したが、支那人が我々を助けてくれた」と日本に感謝でなく嘘を返してきた。

支那人も「助けたのは我々だ」と言いだす。恥知らずに恩知らず。しかしイスラエルはこの暴言を黙認した。

そして今もユダヤ人は日本人の親切を意図的に無視する作業を続ける。いい例が「樋口季一郎」の抹殺だ。

終戦3日後の8月18日、スターリンはソ連軍に千島列島を攻め下らせ、速やかに北海道を占領しようとした。第五方面軍司令官樋口季一郎中将は最北の占守島《しゅむしゅ》守備隊にソ連軍撃滅を命じ、同時にマッカーサーに電報を打って抗議した。

ソ連軍は占守島で三千人戦死という大打撃を受けて北海道侵攻を諦めた。

樋口中将はこの功績に加え、関東軍時代にはソ満国境オトポールに逃げてきたユダヤ人2千人を助けている。

これにハイファ大のユダヤ人教授、ロテム・カウナが異論を差し挟んだ。「助けたユダヤ人は数十人くらいだ」と樋口中将の人道行為にケチをつけてきた。

なんで因縁を付けるのか。日本人の世話になったことを消し去りたいのか。

百歩譲って2千人が数十人でもいい。それだけの同胞が救われた。そういうとき「ありがとう」とまず言うところだろうに。

なぜ、こういう嘘を並べたがるのか。日本人に何らか含むところがあるのか。

これはユダヤ人が示した不条理だが、実は今の世の中、こういう、何らかの意図をもって事実を押し曲げる報道や研究に名を借りた悪意が結構、横行する。
そんなまやかしを読み解くのにこの本が少しでも役立てば幸いだ。

高山正之

変見自在　ヒットラーは生きている　目次

第三章　美名も悪名も裏がある——83

第六章　どの口が言う　189

装画　浅賀行雄

変見自在　ヒットラーは生きている

第一章　知らぬは朝日ばかりなり

朝日の本音は投稿にあり

川柳はいい。

俳句より奥があって、歴史の勉強にもなり、何よりくすりとくる笑いがある。

「結び目を／ほどいてみれば／長くなり」

これは何が面白いか。

「盗人を／捕えてみれば／我が子なり」の韻をみごとに踏んでいる。

「親鸞と弘法／裏表を許す」はやや難しい。

空海は9世紀、唐に渡って20年間で仏教の奥義を窮めるはずだった。

でも「2年でみんな分かった」から帰国して高野山に真言宗を立ち上げた。

彼はあの時代にLGBTを理解し、女人禁制の代わりに稚児を許した。衆道の開祖でもあった。

親鸞は浄土真宗を立ち上げ、空海もできなかった女犯《にょぼん》の禁を解いて坊主の妻帯を認めた。

自身も恵信尼と結婚し子を成した。

つまり空海は男色を許し、親鸞は妻との正常位を許した歴史を語っている。

川柳のそういう奥深さを「西木空人の朝日川柳が貶めた」と全日本川柳協会の江畑哲男が「正論」10月号で批判していた。

安倍元首相が凶弾に倒れてすぐに掲載された朝日川柳の「入選作七句は川柳を装った政治プロパガンダだ」と江畑は指摘する。

確かに酷い。

「疑惑あった人が国葬そんな国」

「忖度はどこまで続くあの世まで」

「ああ怖いこうして歴史は作られる」

元首相の死をひたすら嘲《あざけ》り、貶める。品も軽妙さもない。朝鮮日報や微博《ウェイボー》だってここまで酷くはない。

この欄は読者投稿という。しかし他紙の投稿川柳欄がみな元首相の死を悼んでいるのにここはゼロ。

「政党機関紙でもない一般紙ではありえない」と江畑は正直に疑う。

選者の西木空人は本名栗田亘。元朝日記者で天声人語を担当し、いまだに朝日で食っている。

その朝日は10年前、安倍首相から直に「慰安婦問題は朝日が詐欺師吉田清治の嘘を広めたのが元」と指摘された。それは事実だったから、社長はクビ、部数も半減した。

以来、根本清樹主幹以下が社是「安倍の葬式を出す」のに狂奔してきた。「モリカケ」も「忖度」も根本が創った中傷ネタだ。

そして狂奔の結果が出ると西木の許に朝日の社是に沿った川柳が山のように集まる。「まるで手品だ」と江畑は疑う。

投稿はなかった。社内の誰かが投稿者に成り済ましたという見方は大賛成だ。

では誰が作ったか。半分は西木の作だろう。

それに天声人語担当の有田哲文か山中季広が一句添えたか。

本多勝一がリクルートにたかったことを岩瀬達哉に暴かれたとき「売春婦より下等な、人類最低の、真の意味で卑しい、人間の滓」と四段重ねで誹謗した。

本多の癖だが、同じように文章にはその人固有の癖が出る。

「疑惑あった人が国葬そんな国」の「そんな」が最近の天声人語にはしょっちゅう出てくる。いずれも無意味な「そんな」というところが共通する。

夕刊「素粒子」担当の坪井ゆづるも一句作ったか。「忖度はどこまで続く……」はいかにも彼らしい。

坪井は事件翌日の素粒子で元首相の死を嗤って「忖度政治の検証はどうなる」と嫌味を書いていた。

彼は元首相とは因縁がある。党首討論会で安倍首相から「朝日は都合の悪い事実を報道しない」とたしなめられ、失禁しかけた。

以後、悪意剝き出しで安倍誹謗に邁進してきた。

西木に頼まれたら、喜んで一句捻るだろう。

もしそうだとしても疑問は残る。一人前の記者がなぜ投稿者を装うのか。

実は朝日は過去、慰安婦を始め悪意ある嘘や誹謗中傷記事を好きに書き、結果、渡辺誠毅、一柳東一郎から木村伊量まで5人の社長のクビが飛んだ。

他社でそんなケースは一つもない。酷い新聞だ。

朝日の記者もさすがに見え透いた嘘や中傷記事は好きに書けなくなった。

でも嘘は書きたい。元首相を中傷もしたい。

それで投稿を装って本音を書き始めたということだろうか。


（二〇二二年九月十五日号）

北海道を救った樋口司令官の偉業

ロシア辺りに棲むスラブ民族は哀しいほど不幸な歴史を編んできた。

ボルガ川流域に生息した彼らは、西から来た連中に捕獲され、奴隷に売られた。スラブ（SLAV）という民族名はそのまま奴隷（slave）の語源にもなった。

明日の幸せすら信じられない奴隷民族はそれでも頑張ってキリスト教に帰依しキエフに国を建てた。

しかし試練は続く。今度は東からモンゴルが襲ってきて、男は殺され、女は犯された。米大陸では白人がインディオを犯し、中南米をメスチゾの国にした。ロシアではその真逆というか、白人がモンゴルに犯され、生まれてくる子はみなレーニン顔になった。

ロシア人はそれも耐えて、白人国家らしく植民地帝国主義の覇者を目指した。

しかしそこでぶつかった日本に大負けして「非白人国家に負けた唯一の白人国家」の不名

誉を背負いこんだ。一度ならず二度も有色人種から辱めを受けた。ロシア人の性格が悪くなった大きな理由だ。

で、根性悪のロシア人どもは隙を見つけて日本を背後から襲った。

世に言うノモンハン事件だが、結果はロシア側の戦車群がまるまる破壊され、航空兵力は全滅、将兵1万が戦死した。

対独戦では負けを知らなかったジューコフは「かつてない困難な戦いだった」と敗北を認めた。

そこでスターリンはもっと狡い作戦を立てた。

日本がポツダム宣言を受諾し、武装解除するのを待って軍を起こせばロシア軍でも日本軍に勝てるはずだと。

作戦は武装解除の最終期限、昭和20年8月18日に開始された。

まずカムチャッカを進発した先遣部隊が千島列島を北から制圧していって釧路に上陸、占領する。そこはロシアの悲願だった太平洋への不凍港出口となるはずだった。

別の一隊は南樺太を制圧したあと、ウラジオストックに待機中の本隊といっしょに留萌に上陸。19か所の飛行場を抑えて青森を攻め津軽海峡を掌握する。

北海道を盗ったあとは日本海を南下し、明治維新前夜のポサドニック号以来となる対馬を占領する。

　これにより「対馬海峡、津軽海峡、宗谷海峡を抑えて日本海をロシアの内海とする」（斎藤勉『スターリン秘録』）予定だった。

　しかし作戦は先遣隊の緒戦となる千島列島北端の占守島《しゅむしゅ》攻略で躓いた。「ロシア軍の攻撃」の報を受けた第五方面軍司令官樋口季一郎は「自衛のための敵軍撃退」（『陸軍中将　樋口季一郎の遺訓』）を命じた。

　守備隊は再武装し、上陸するロシア人を叩きのめした。戦死者は3000人を超し、イズベスチア紙は「甚大な被害」を認め、千島から釧路への攻略戦は一時的に止まった。

　この間に樋口はマニラにいた連合国軍最高司令官マッカーサーに「国籍不明の連合国軍の不法侵犯」を伝えた（同）。電文はソ連を抑えられなかった最高司令官マッカーサーを露骨に非難していた。

　困ったマッカーサーは総司令部を通してAP通信に情報を漏らし、世界にソ連の非道を知らせた。

　スターリンは8月22日、北海道占領を諦め、腹いせに樺太から小樽に向かう小笠原丸など引揚げ船3隻に魚雷をぶち込んで留萌沖で1708人を殺した。

一方、占守島で後れを取った先遣隊は9月1日、国後に上陸。ミズーリ号艦上での降伏調印式を挟んで9月3日、「チェチェリン大佐らが歯舞占拠に出発し、9月4日に上陸した」(同)。

ロシア人は降伏調印後に歯舞色丹を盗ったのだ。

安倍首相はプーチン訪日の折にその辺の時系列を詳らかにしたと聞く。

それでプーチンの機嫌がやたら悪くなった説明がつく。彼は帰国後、9月2日の対日戦勝記念日を「歯舞を視察した」9月3日にズラして今年も3日に戦勝を祝っている。

ロシア人プーチンの性格の悪さと姑息さが丸見えだ。

ユダヤ人を救い、そして北海道も救った樋口季一郎。

その偉業を称え、生地の淡路島に彼の顕彰像が建てられ、この10月11日、除幕される。

戦後初の軍服の像だ。

(二〇二二年九月二十二日号)

朝日は統一教会の共犯者

統一教会の文鮮明は悪が支配する世にメシアとして再臨したという。

似た話はゾロアスター教の教典アベスタにある。

悪がのさばるとき、泉のほとりで沐浴する処女が救世主サオシュヤントを宿す。誕生した救世主は人々とともに悪と戦い、悪の神を地底に封じて至福の千年王国を建てる。

ユダヤ人はこれに想を得てユダヤ教をつくり、救世主神話は孫宗教キリスト教の中でマリアの受胎のモデルにした。

文鮮明はいわばイエスの後輩になるが、自分の平凡な出自はさしおいて先輩について「彼はザカリアとマリアの不倫の子」説を採ってけなしている。

文は霊界にも行ってイエスやムハンマドに韓国女性を世話して「喜ばれた」とも言う。

女衒みたいなことをしながらもニクソンは喜んで彼をホワイトハウスに招いている。

それは文のもう一つの旗印、反共のゆえで、反共組織には多額の援助をして喜ばれてきた。

財源は「信者からの献金や寄進」に負うが、その多くを公称60万人の日本人信者たちが貢いでいる。

彼らは1冊3000万円の教典を買い、安倍元首相を銃撃した山上徹也の母親のように家も田畑も寄進し、それが年額600億円にもなったという。

それで文鮮明は京畿道に壮麗な御殿を建て、数千億円の遺産があったという。

有り難い日本人信者だが朝日新聞によると「今は4万人まで減った」とか。多くは多額の献金で命を縮めてしまったという。

韓国の新興宗教だから韓国人信者が多そうだが、地元では不人気で信者数は「2万人」(同)ほど。

日本人の独身女性信者は多額の献金をしたうえに、もっと多額の持参金を持って貧しい韓国人男性と合同結婚をし、生涯夫と文鮮明に尽くし、いまだに献金にあい努めているとか。

なぜ日本人に信者が集中するのか。なぜ日本人がカモにされるのか。

それは文鮮明の「悪が栄えたときに出てきたメシア」と関係する。実は文が言う悪とは36年間の日帝支配を指している。日本が朝鮮の富を奪い、朝鮮人を奴隷にしたサタンだと。

事実は大きく違う。セオドア・ルーズベルトは新興日本を警戒し、将来、日本の厄災になると見て李氏朝鮮を押し付けた。

日本は嫌がったが結局は日本人と同じ待遇を与えた。毎年、国家予算の2割を投じて電気を灯し、鉄道を走らせ、小学校から大学まで5000校も作ってやった。朝鮮は石器時代から一挙に現代の入り口まで駆け上がれた。

しかし反日の李承晩はカイロ宣言の「日本は朝鮮を奴隷化し」を根拠に謝罪と賠償を要求し、朴正煕の時代まで揉めた。

この間、日本の新聞は韓国の度外れた横暴に批判的だったが、朝日新聞が親北朝鮮路線に転向して「日本は韓半島に贖罪しろ」とか言い出した。

以後、紙面には「松代大本営で働いた朝鮮人数千人が殺された」とか「関東大震災の時のデマで多くの朝鮮人が殺された」とか真実の一片もない「日本人の罪業」を創り上げていった。

読売新聞の記者上がりだった文相の藤尾正行はそれが腹立たしくて文藝春秋に「日韓併合は朝鮮側の責任もある」と書いた。

朝日が韓国に告げ口して藤尾は罷免された。

正論も言えなくなった中で朝日は「朝鮮女を拉致し性奴隷にした」という吉田清治の従軍慰安婦の嘘をまことしやかに書き飛ばし、松井やよりと植村隆が釜山でもソウルでも日本軍は強制連行したと報じた。

文鮮明は日本の信者に「日本はサタンだ。悪いことばかりしたと朝日も書いているじゃないか」と説教した。

「霊感の壺を買いなさい。あなたは救われ、日本の罪も薄まるだろう」と。

その辺を産経新聞論説委員の乾正人が元信者の話として引用している。

「子供のころは家で朝日新聞を読み、学校で日教組の先生から日本は悪いことばかりしたと教えられた」

「だから文鮮明の教えも素直に信じた」と。

朝日は統一教会の確信的共犯者だと言っている。

（二〇二二年九月二十九日号）

田中角栄は中国で何を思ったか

習近平は「中華民族の偉大な復興」と言った。

それは法螺が過ぎる。

だいたいそんなラーメン屋組合みたいな名の民族は存在しなかったし、習自身ホントは「偉大な漢民族」と言いたかったからだ。

でもそう言えば嘘になるのを習は知っていた。

漢民族とは殷や唐が都《みやこ》した「中原《ちゅうげん》」にもともと棲む民だ。しかし彼らが自分の生地で支配者になることは稀だった。

つまり彼らの4000年の歴史の大半は外からきた異民族に支配され、彼らの奴隷として過ごしてきた。

奴隷には夢もない。文化も纏足《てんそく》くらいしかない。漢字だって東夷の始皇帝が創ったものだ。

漢民族にはどこを探しても偉大さも、復興して自慢できるような文化もない。

ただ、そんな育ちだから嘘はうまい。周りの国々を騙すのは格別にうまい。

習近平が語った「中華民族」は中でも秀逸だ。彼は過去、中原で栄えた異民族王朝をすべて「中華民族」に包含した。

殷を建てて青銅器文化をもたらした西戎も、ユーラシア大陸を征服した元の成吉思汗も中華民族にしてしまった。

清を建てた満洲人もその一員だから、彼らの故郷、満洲の地も、彼らが支配したモンゴルもウイグルもチベットもみな習政権のモノにしてしまった。

いわゆる「一つの中国」のペテンだ。

ずっと奴隷だった漢民族が今やアムール川からエベレストまで持つ大国になれた魔法の言葉がこの「中華民族」なのだ。

そんな国と50年前、角栄は国交回復した。バカをやった背景には中国と組んだ朝日新聞の扇動があった。

まず美土路昌一が同郷の岡崎嘉平太を使って「ナチが欧州でやった非道を日本は中国でやった」と吹聴させた。贖罪外交の始まりだった。

美土路の次の広岡知男は本多勝一に「ナチのように振舞った日本軍」の嘘を連載させた。

角栄はそんな異様な空気の中で北京に飛んだ。贖罪意識はなかったが、外交儀礼として

「多大なご迷惑をかけた」と言った。

通訳がそれを「添了麻煩」と訳した。正確な訳では「些細な不始末」ほどの意味らしい。

それに周恩来が噛みついてきた。「数百万中国人が日本の侵略で死んだのに些細とは何ごとか」と。

角栄は些細な通訳ミスを衝いてくる中国人の根性に腹を立てたが、席を蹴って出ていくのはこらえた。

だいたい周恩来は若いとき二度も来日している。

幾つも大学を受験したがみな落ちた。易しい師範学校も落ちた。結局、入れたのは無試験の中国共産党だけだった。

ということは彼は日本語がぺらぺらだった。通訳が誤訳したら笑ってそれを正すこともできた。そうするのが大人というものだが、周恩来はそうしなかった。

彼には奴隷根性が染みついている。これで交渉の主導権を取れたと思った。朝日の記事と連動した「数百万の犠牲者」も効果的なはずだ。

そして、偉そうに失礼な発言の落し前としてODAもよこせ、技術援助もしろ、果ては尖閣までオレのモノ風に言い出した。

角栄は鼻で笑った。何が数百万の犠牲だ。大方は蔣介石と中共がやった。例えば30万人が死んだ黄河決壊だ。「日本軍の追撃を止めるため蔣介石軍がやった」と郭沫若が認めている。

実際、日本軍は追撃をやめ、大小舟艇を出して被災民を救っている。

この洪水のせいで河南省の農地は荒れ、大飢饉が起きて百万人が餓死した。

「進駐した日軍が糧食を放出してくれた。我々は喜んで漢奸になった。日軍を助け蔣軍3万を全滅させた」と劉震雲の『人間の条件1942』にある。

蔣軍と中共軍は同じように日本軍を妨《はば》むため長沙の街に火をつけ数万人を焼き殺してもいる。

漢民族は過去に二度、王朝を建てた。漢と明だ。しかし奴隷出身だから治世を知らない。民は塗炭の苦しみだった。今の中共政権は漢民族三度目の施政だが、大躍進政策と文革でもう1億人を殺した。最悪の漢人政権だ。

角栄はそれを知っていた。だから朝日に潰された。

安倍晋三は中国の危険を世界に警告した。だから朝日の主導で殺された。

中国と友好を紡いだ50年。でも51年目はいらない。


（二〇二二年十月六日号）

宗教が教える「不倫は文化」

宗教とは何か。

それを分かり易く説明しているのが隠れ切支丹と潜伏切支丹の区別だ。

隠れ切支丹は禁教令下の江戸時代、ひっそり信仰を続けた隠れ信徒を言う。

明治維新前夜、長崎に建った大浦天主堂にその一人が訪ねてきた。

バチカンが大仰に「信徒発見」と名付けたが、隠れ信徒の多くは教会には戻らなかった。

私たちは昨日までと同じに家の奥でひっそり信仰を続けますから。

神父どもはこれにカチンときた。教会に来ない信徒は免罪符も買わなければ献金もしない。

結婚式も葬式もやらない。あれは結構、いい実入りになる。

昔、「教会は要らない、聖書があればいい」と言ったアマン派がいた。信徒をアーミッシュという。教会は彼らを見つけ次第、石を抱かせて川に放り込んだ。商売の邪魔になるからだ。

教会に戻らぬ隠れ信徒もそれと同じだ。とはいえ彼らを縛って玄界灘に放り込むわけにもいかない。

で、戻ってきた信徒を「潜伏切支丹」とネーミングしてバチカンが顕彰し、そうでない隠れ切支丹は徹底的に無視した。

宗教とは信者にカネを貢がせてなんぼの商売だ。霊感の壺を売りつけるのは宗教なら当たり前なのだ。

ただ宗教はそれだけじゃない。大事な役割があるから生き残っている。それがダメな男どもの救済だ。

女は生物学的に崇高な使命を持たされている。より優れた子孫を残してその種族を繁栄させる使命を帯びている。

そのためにはより逞しく、より賢い男のDNAを求めることになる。

それは教会と男どもが女に「一生連れ添います」と約束させる結婚式を挙げたあとも変わることはない。夫よりいいDNAを持った男と巡り会えば、人類発展のためだ、何の躊躇いもなくそのDNAを求める。浮気とも言う。

しかし狭量な男はそれが許せない。なぜなら男は「より良い子孫」ではなく「オレの子孫」を求めているからだ。

そんな男に味方したのが宗教だ。宗教は隠れ切支丹の件でも分かるように狭量だ。だから男どもの狭量が分かる。

かくて宗教は人類の発展などどうでもいい、ダメな夫の身になって女の行状を監視し、不謹慎を戒めた。

ヒンズーの聖典マヌ法典にはこうある。

「女は注意深く監視しても夫を裏切り、不貞を働こうとする」

「女は（肌を露わに）魅惑的に振舞い、男の欲情を刺激する」

「その男が夫より容姿も悪く、老齢でも、男というだけで受け入れる」

マヌは女の天命も無視し、いいＤＮＡ探しをまるで淫乱過多女のように描いて貶めた。

その上で「たとえ酒乱だろうが浮気者だろうが妻は夫を神と思って敬え」と命ずる。

「妻は夫が足を洗った水を飲め。それは聖地の沐浴以上に妻を清めると思え」とも。

他の宗教も趣旨は同じだ。ユダヤ教では女を不浄で罪深い存在とし、つい最近まで聖地「嘆きの壁」にも触らせなかった。

ヨブ記には男を惑わさないようスカーフで髪の毛を隠せとある。妻が不倫でもすれば石打の刑で殺しちまえとモーゼは命じている。

ムハンマドはそのユダヤ教に倣ってイスラム教を立てた。女の扱いはより過酷で「女は男の持ち物だから反抗したら打擲してベッドに放り込め」とある。

不倫は勿論、石打刑とし、女の装いも厳格で、髪は「ヘジャブで包み、胸は覆いをして人の目に触れさせてはならぬ」。「違反した女は鞭で打て」と定めた。

今から43年前、イランでホメイニ師のイスラム政権ができて、この冗談みたいな刑罰が現代に生き返った。

こちらがテヘランにいたころ、地元ケイハン紙には不倫妻の石打刑が何度か載っていた。街では髪を見せたり、化粧したりした女性がよく捕まっていた。

先日のニューヨーク・タイムズが今イラン各地で起きている「反イスラム政権デモの先頭は女性たちが占めている」と報じていた。

宗教は人類に尽くす女性を貶めてきた。その怒りが伝わってくる。

不倫は文化なのだ。


（二〇二二年十月十三日号）

天声人語の「嘘」と「不勉強」と「傲慢」

ポルポト派がカンボジアの首都プノンペンを制圧したとき、朝日新聞の和田俊記者は「アジア的な優しさが溢れていた」から、きっと明るい社会主義国家ができるだろうと書いた。

その翌日から170万人の大虐殺が始まった。

すぐばれる嘘を書いた理由は一つ。朝日の記者どもは取材しない。当てずっぽうで書くからだ。

その大虐殺を裁く特別法廷が先日、最後の大物キュー・サムファンに終身刑を言い渡して閉廷した。

そしたら天声人語がよせばいいのに、それをネタに一文を書いた。

キュー・サムファンが虐殺を始める前、周恩来から「小さくてもいい。きらりと光る共産国家になれ」と、武村正義みたいなことを言われたとか。

「でも忠告は無視された」と天声人語は続ける。

以下、ポト派は「都市住民を農村に下放し、強制労働させ、知識人を殺し、ついには国民の四人に一人を殺すキリングフィールドを現出した」と、まあ十年一日というか、あのときから言われてきた話を並べる。

余りにも新鮮味がないと本人も思ったか「スパイをでっち上げ、処刑した背景には困難を誰かのせいにする統治の手法が窺える」と鹿爪らしく結ぶ。

そんなことは毛筋ほども窺えない。

執筆者は最後の法廷の訴因すら読んでいないらしい。そこには「チャム族などの虐殺を問う」という件がある。

それはポト派大虐殺が「極端な共産主義思想」（朝日の社説）などではないことを十分に仄めかしているが、天声人語の筆者にはそれが分からない。

ここで言うチャム族とはベトナムに滅ぼされたチャンパ国の民のこと。今はベトナム南部からカンボジアにかけて分布する亡国の民で、彼らが織る絹絣《きぬかすり》は世界的に知られる。

ポト派はクメール・ルージュを名乗るが、その主張は共産主義より前に、民族自決がくる。まずよそ者のチャム族や、仏領時代に入り込んで彼らの国の政治経済を壟断するベトナム系住民を絶滅し、クメール人の国を取り戻すことにあった。

天声人語の執筆者は知らないらしいが、キュー・周恩来会談と同じ時期にもっと大物のへン・サムリンが毛沢東に会っていた。

会見の主題は淘汰すべき「よそ者」の線引きだった。一口によそ者と言ってもチャム族やベトナム人もいれば華僑系もいる。現にヘン・サムリン自身もフン・センも父親は華僑だった。それに純粋華僑も12万人はいた。

彼らをどうするか。毛の答えは「構わないからみんなやっておしまい」だった。

結果、外人はみな粛清の対象とされた。

最初に淘汰されたのはメコン川に沿う一帯のベトナム系農民とチャム族たちで、その日からメコン川は彼らの死体で埋まった。

次に都会に住むベトナム系がやられ、華僑もやられた。彼らの処刑場チュンエクは皮肉にも華僑の墓地だったところだ。

カンボジア外交官と結婚した内藤泰子も右に同じ。下放され、夫と子はみな死亡。彼女もタイ国境の村で救出されるまで丸4年間の地獄の辛酸を嘗めさせられた。

平たく云えばポト派は民族自決を掲げ、カンボジアを蚕食するベトナム人を主な標的にして大量殺戮をやった。

後に中越紛争を仕掛けるくらいベトナムを憎む中国がそれで早くからポト派を支援した。

自身も華僑系ゆえに粛清を察知したフン・センが殺される前に脱走してベトナムに寝返り、

彼が先導したベトナム軍によってポト派は潰された。

入り乱れる民族間の憎悪。それを抜きにポト派は語れないのに、この天声人語には民族のミの字もない。不勉強が過ぎる。おまけに文章は超へたくそとくる。

先日の天声人語は安倍さんの国葬に「16億円以上」かかると威丈高になじる。

朝日の慰安婦の嘘のせいで日本は韓国にもう100億円を超す国費を使っている。その弁償もしていない。

いい加減うんざりしていたらこの秋から執筆陣がやっと変わると社告があった。嘘と不勉強と傲慢はもうやめてほしい。


（二〇二二年十月二十日号）

プーチンが示す白人キリスト教徒の狂暴粗野

子供のころ、ヒトは猿から進化したと教わった。

では上野動物園の猿たちはなぜ進歩をやめたのか。よく分からなかった。

そのうち女性が持つミトコンドリアＤＮＡで祖先が辿れるという話が出てきた。

どんどん遡るとアフリカにいた、たった一人の女性「イブ」に行きついた。

彼女が子を産み、子は孫を産む。人類は近親相姦で増えていったのか。

イブはアフリカ育ちだから黒い肌をしていたと人類学者は言う。

その母からなぜ白人や黄色人が生まれたか。

それはもう少し大人になったとき、アルビノという言葉と一緒に説明された。

アルビノとは色素欠乏症を言う。イブの子孫の中にある日、真っ白な子供が生まれた。

メラニンがないから強い日差しは深刻な火傷を起こす。それに一人だけ真っ白では目立つから野獣にも襲われる。

アルビノは2万人に一人生まれる。アフリカの人口が100万人になれば50人はいた計算になる。

彼らは生きるために日差しの弱い欧州を目指して白夜のある北欧に落ち着いたと教わった。実際、そうかなと思わせるように北欧の人は髪の毛の色素が少ないシルバーブロンドで、肌は白い。瞳の虹彩の色素も少ないからいわゆるブルーアイズだ。いずれもアルビノの特徴と似通うというかソックリ同じだ。

アフリカに黒人が分布し、欧州に白人がいることをこの説はうまく説明しているから、そう信じていたら、欧州には別種のネアンデルタール人がいたという話が出てきた。

白人の間で「ネアンデルタール野郎が」という罵り言葉がある。彼らはより猿に近く、醜く、残虐だったと然るべき本にあった。

人類にとって幸いなことに彼らは4万年前には絶滅したが、ではなぜアルビノに先駆けて欧州に彼らがいたのか。どこから来たのか。誰も教えてくれなかった。

まあ邪悪な連中だし、滅んでしまっているし、どうでもいいじゃないかと言われていた。

そしたらスウェーデンの人類学者スバンテ・ペーボが「人類はネアンデルタール人と交雑し、欧州人のほとんどは彼らのDNAを持っている」と言い出した。

ペーボはまたそのDNAを持っていると「武漢発のコロナに滅法弱く、重症化し死亡例も多い」と報告して今回のノーベル医学賞を受賞した。

凶暴なネアンデルタール人の遺伝子を白人たちが持っている。そうか、欧州人はみなネアンデルタール野郎で、だからヒットラーはホロコーストをやったのか。

第一次大戦では戦死者が１０００万人を超しても白人たちは嬉々として戦い続けたのも納得がいった。

ところがペーボ説をよく読むと、そもネアンデルタール人が醜く凶暴だとする説は間違いだと言っている。

彼らは現人類より大きな脳を持ち、肌は白く、金髪で瞳はブルーだったという。

ドイツで発掘されたネアンデルタール人の骨からＤＮＡが採れた。その解析で判明した新事実だ。

実際、彼らの生活痕跡を見ると火を使い、壁画も描き、仲間が死ねば葬式もしていた。断じて狂暴凶悪な種族ではなかった。

だいたい狂暴凶悪だったらアフリカからきた人類などに負け、犯されて絶滅するはずもない。

そうすると「イブの白い子供たちが欧州に行った」と昨日まで信じていた人類の歩みはどうも誤りのように思える。

今回のノーベル賞が示唆するのはむしろ人類の方が狂暴粗野で、彼らが北上して白いネアンデルタール人と遭遇した。

そして狂暴にも襲いかかりネアンデルタールの男を殺し尽くし、金髪で青い目のきれいな女を犯したらしい。その結果、白人種の形質を獲得したのではないか。

なぜなら人類の賢者とされるモーゼは旧約聖書の中で「敵の男はみな殺せ。男を知った女も殺せ。ただ処女は神からの贈り物だからお前らが好きにするがいい」と言っている。

略奪、殺戮、強姦こそ白人キリスト教徒の生き方だと。プーチンを見ているとそうかなと思えてくる。


（二〇二二年十月二十七日号）

中国・ロシア・米国は「強制移住」がお好き

今、大国ぶるロシアや中国、それに米国は実は氏も育ちも悪い。「だから振る舞いがはしたない」と石平氏と対談（『核大国は氏素性の悪さを競う』）して大いに盛り上がった。

どう育ちが悪いかというとスラブ人はつい５００年前までタタールに狩られてオスマントルコの奴隷に売られていた。

奴隷にはノブレスオブリージュどころか常識もない。プーチンが典型だろう。

中国人は売られこそしなかったが、長城を越えてくる征服民族に侵され、自分の国で奴隷にされてきた。

教養も勉強する機会もないから習近平は左手で敬礼していた。

彼らはまたなぜか民をまとめて引っ越しというか移住させることが権力の発現と考える。

例えば毛沢東だ。彼は彭徳懐らから失政を責められて主席の座を一旦は降りたが、巻き返しに出る。世に言う文革だ。

紅衛兵を好きに暴れさせて劉少奇も鄧小平も彭徳懐も引き摺り下ろすのに成功した。

しかし用済みになった紅衛兵はまだ暴れていた。それで彼らを農村に追いやる「下放」をやった。

実に1600万人が田舎に追われた。

中国人は周辺の満洲人やウイグル人の国を侵して領土と資源を得ると、次にそこの民の淘汰を始めた。その手段が強制移住だった。

かつて中国人を統治した満洲族の多くは中国各地に分散移住させた。

彼らの文化も奪うか絶やした。天安門の額に漢字とともに書かれる満洲文字を今、読み書きできる者は10人もいない。

ウイグル人にはもっと過酷で、万単位の民を4000キロ離れた満洲に移住させた。少し前、満洲奥地でウイグル人のデモがあって世界はこの強制移住を知った。

故郷に残った者もいたが、男たちはみな強制収容所に入れられ、女たちは中国人が押しかけ同居して犯すか、さもなくば不妊手術を強制されている。

ロシアもまた強制移住が好きで、スターリンはクリミア半島にいた先住民のタタール人の過半を中央アジアに強制移住させた。

キエフにいくとアシュケナージ系のユダヤ人やモンゴル襲来以降居ついたアジア人がまだ

多くいた。

これも目障りだからカザフなどに強制移住させ、いいところはスラブ人が住むようにした。

そして米国。ここの民は中国やロシアと違って奴隷出身ではないけれど、もとは欧州の食い詰め者たちだ。

教育もなし。欧州ではせいぜい工場労働者か犯罪者にしかなれない。

それで新世界にきたら奴隷は使い放題、インディアンは殺し放題。むしろ多く殺せば殺すほど大きな土地持ちになれた。

ただ先住民は強い。それでチェロキーとか有力部族に英語を教え、キリスト教化し、「文明化部族」とおだてて他の「野蛮な部族」をやっつけさせた。

蔣介石を洗礼し、カネと武器をやって日本と戦わせたのと同じ手法だ。

大方の先住民が処分されるとアンドリュー・ジャクソン大統領はおもむろに強制移住法を成立させ、チェロキーを３０００キロ彼方のオクラホマに追った。

１万５０００人の文明化部族は英語で「アメージング・グレース」を歌って歩き続け、飢えと疲労でほぼ全滅した。

バターンの１００キロを「死の行進」と言う米国人はこれを「涙の道」と呼ぶ。

30年前、こちらが特派員として赴任したロサンゼルスは冬でも摂氏20度くらい。雪に埋もれるニューヨークとは別天地だった。

そしたらある日、サンタモニカのオーシャン・アベニューに何台ものグレイハウンドバスが停まって山ほどのホームレスを吐き出していった。

酷寒のニューヨークでは凍死してしまうからと市が人道的にロスに送ってやったと新聞にあった。

そして今。そのニューヨークにテキサス発のバスが何百台もやって来て、不法入国者を吐き出している。

バイデン政権はメキシコからの不法入国を暗に認めた。それで雪崩れ込む入国者に困ったテキサス州知事が報復に民主党知事の州に送り込んでいるという。

事態解決は強制移住。それしか思いつかない国が今、世界を支配する。


（二〇二二年十一月三日号）

第二章　大嘘吐き、世にはばかる

円が底なしに売られるのはなぜか

教育水準の高い、例えば日本などを除いた国々ではエリートというと軍人を意味する。なぜなら、どの国も「暴力装置」を握る軍人がヘンな思想や宗教にかぶれてもらっては困るからだ。

豊かな常識人、国際人であってほしいと思う。

だから一般大衆の学校を作るのを措いてでも軍人の教育には惜しみなく予算をつぎ込む。奴隷と先住民殺しで国をつくった米国ですら思いは同じで、建国間もなくウエストポイントに陸軍士官学校をつくり、まともな軍人を育て始めている。

成績がいい者には山本五十六が米国留学したように積極的に海外に送って見聞を広めさせている。

それでいい成績で卒業すれば、将軍になるのは当たり前でアイゼンハワーのように大統領になれたのもいる。アルゼンチンではもっと徹底して海軍士官学校卒がこの国のエリートの必須要件になっている。

ここを出ないことには外交官にも高級官僚にもなれないのだ。

だから立派な軍人養成機関を持つ国では、指導者が暴政でも敷こうものなら軍人が懲らしめに立つこともままある。いいクーデターもあるのだ。

中米コスタリカはその見本みたいな国で、悪い為政者ばかり出て、その都度軍がクーデターを起こし、新しい指導者が軍から出て、また悪さをしてまた軍事クーデターという悪循環を繰り返してきた。

そしたら何度目かの指導者がよくできたワルで、政権を取るとすぐに軍隊を廃止してしまった。これならどんな悪さをしてもクーデターで倒される心配はないからだ。

朝日新聞はそんなコスタリカを、あの国も軍隊を放棄した、9条仲間だ、いい国だと大はしゃぎしてきた。日本人はあんな新聞を読んではいけない。

実はイスラム革命をやったイランのホメイニ師もまともな国軍を恐れた。

彼はまともな国だったイランを改変し、女に袋を被せ、酒を禁じ、不倫したら死刑にした。いつクーデターが起きても不思議ではなかったからホメイニ師は国軍の将軍はすべて、それに退役した将軍もみんな銃殺した。

同時に軍人教育もやめた。おかげで今までクーデターは起きていない。

そのイランとサウジアラビアとの間にペルシャ湾が広がる。

いや、その呼び名は不当だとサウジが言った。

確かに紀元前のアケメネス朝の時代からペルシャがこの辺の覇権を握ってきた。ギリシャの学者プトレマイオスもここを「ペルシャ湾」と呼んだ。

しかし7世紀、勃興したアラブのイスラム軍団がついにペルシャを倒し、立場は逆転した。アラブ人は以後ペルシャ湾をアラビア湾と呼んできた。

対してイランは歴史を盾にペルシャ湾の名を主張し続けた。

そこで戦争が起きたとき、米軍は「ペルシャ湾」でも「アラビア湾」でもなく単に「湾岸戦争」と呼んだ。どっちにしても話がこじれるから名無しのガルフだけにした。国際感覚を弁《わきま》えた判断だと評価された。

その米軍がこの9月の米韓軍事演習の場所について「日本海」でなく「東海でやった」と広報した。

日本は大いに怒った。

日本海を囲む国々に日本並みの国家があったか。みな分裂と野合の繰り返しで国名もなかったではないか。

その海で日本はロシアに勝った。日本海海戦と呼ばれる世界史的大事件だ。

三韓征伐も朝鮮征伐もみな日本海を押し渡っていった。翻って韓国にはそんな派手な歴史はこれっぽっちもない。

まともな米軍は何を以て日本海を消し、歴史もない国の主張を容れたのか。

元幕僚長が言った。いやいや日本の国威は軍隊を失った時点で消えた。今では取られた竹島を取り返す意欲もない。国威はとっくに失せたと思えと。

だから米軍も「日本海」を躊躇いなく捨て、埒もない国の言い分を通した。

世界はそれを日本の終わりと見たか。円は今、底なしに売られている。

（二〇二二年十一月十日号）

死刑執行と報道の不都合

朝日新聞は中国朝鮮とＬＧＢＴが好きで、原発と自衛隊と杉田水脈が嫌いだ。

それで日本共産党と気が合うが、ただ一つ死刑反対で対立する。

日共はレーニンと同じに政権を取ったら誰彼構わず吊るすのが楽しみで、それで入党した者も多い。死刑廃止などとんでもない。

朝日は違う。昔、金日成と組んで「北朝鮮は地上の楽園」キャンペーンを張り９万在日を地獄に送った。

嘘を書き並べた岩垂弘は「騙して人を死に追いやった」共謀共同正犯で死刑もあり得る。

自衛隊がイラク・サマワに出た折、朝日の特派員、川上泰徳は詳細な駐屯地の地図や邦人脱出ルートまで紙面に載せた。

結果、複数のロケット弾が駐屯地に撃ち込まれた。川上の行為は外患誘致罪が成立するのではないか。法定刑は死刑のみだ。

尖閣でも朝日は一貫して中国の主張を支持して領土問題化させてきた。

その見返りかどうか、朝日の北京支局長は中国政府機関に再就職している。これも外患援助罪に問われてもおかしくない。

だから朝日には死刑存廃は他人ごとではないのだ。

民主党の千葉景子は成田闘争の折に火炎瓶攻撃を仕掛け、機動隊員が焼き殺された。因果が立証されれば死刑だ。それで死刑廃止の先頭に立ってきた。朝日も似たような気分なのだろう。

その朝日が今、問題視しているのが死刑囚への執行告知の時期だ。

死刑執行は法務相が判を押し、当該拘置所長に伝達されるが、外部には一切秘密のままだ。執行は当日の朝。複数の担当官が所長室に呼ばれて「執行の準備」が命ぜられて初めて動き出す。

前もって伝えてもよさそうだが、職員もヒトの子だ。死刑囚の床を落とすのはつらい。事前に伝えたら当日病欠も起きかねない。

だからすべてが当日の朝に始まる。

準備が整うと死刑囚を迎えに行く。抵抗に備えて屈強な職員が同行する。監房に重々しい足音が響き、そして誰かの房の前で止まる。

日本はずっとこの当日方式だった。朝日の記者でソ連に祖国を売った尾崎秀実も朝食後に通告され、午前9時前には執行されている。

戦後、GHQが米国式に改めさせて一時期「前日より前に通告」時代があったが、今は戦前通りの当日通告に戻っている。

この当日問題で、二人の死刑囚が「当日はあまりに非人道的」と訴訟を起こしている。その審理の中で「執行日前に通告された死刑囚」の「人間らしい最期」を朝日新聞が報じた。勿論、死刑廃止を訴えながら。

記録が残っているのは5件。一番古いのは昭和30年で、執行2日前に告げられ、姉を呼び寄せる時間があって、面談できたという。

昭和46年のケースは前日告知。電報で妻や親類を呼び、泣きじゃくる妻を「慰めた」と記録される。

昭和48年、福岡拘置所のケースも前日告知で、冤罪で死刑囚監房にいた免田栄は隣の房の人から「長いあいだ有難う。先ほどお召の通知を受けた」と伝えられたと彼の『獄中ノート』にある。

昭和50年のケースも前日告知で、死刑囚の希望で担当検事に連絡が行き、検事は死刑囚が好きな握り寿司を持って行って一緒に食べたという。

その4件の例で「当日告知の非人道性」を朝日は訴えるが、では残る5件目はどうか。

朝日はそれに触れないが、これも4件目と同じ年、福岡拘置所で起きた。

翌日に執行と伝えられた死刑囚が狂乱し、恐怖に震え、夜明け前にカミソリで手首を切って自殺した。

5件中1件。確率20％で死刑囚は狂乱する。自殺ならまだしも他人を巻き込んだ惨劇だって起きかねない。20％は無視できない数字だ。それで法務省は戦前方式に戻した。

朝日はそれを隠した。書けば主張は崩れる。不都合な事実は書かない。

その上で残る4件だけで社説まで書いている。

朝日は加計問題で加戸前愛媛県知事の証言を載せなかった。それも朝日には不都合だったからだ。

だいたい報道に不都合がある方がヘンだろうが。


（二〇二二年十一月十七日号）

成田空港を作った役人たちの算盤

日本ハムが北海道の北広島市に作っていた新球場がほぼ完成して先日、賑々しくお披露目された。

ところがホームベースからバックネットまでの距離が「18メートル余以上」（野球規則）必要なのに15メートルしかなかった。

他の球場より3メートルも狭くて、捕れるキャッチャーフライも捕れなくなる。

でも今さらバックネット裏の観客席を後ろにずらすのは無理な相談だし、規則を曲げて予定通り来春に開場させるのか。

暫くは揉めそうだが、それにしても一体どこのどいつがそんな無責任な設計図を引いたのか。

実はこれとよく似た話が半世紀も前にあった。

そのころは日本の表玄関、羽田空港の記者クラブにいた。当時の羽田は3000メートル滑走路が2本、それと交差するように横風用滑走路が1本あった。

何せ経済大国の表玄関だ。世界中のエアラインが羽田に飛んできていた。乗り入れ希望の航空会社も列を成していたが、当時はまた環境問題がうるさくなってきた時期でもあった。航空機の騒音も槍玉にあげられ、国際空港は24時間運用がルールなのに羽田は夜間の発着が禁止された。

太平洋ルートや北極を超えてくるポーラールートなどいわゆる長大航路は給油もあれば乗員の交代もある。夜間の発着を止められるととんぼ返りとはいかない。どうしても羽田に一泊することになる。

国内線も同じ。夜は飛べない。フランク永井が歌った「羽田発7時50分」が確かあのころの大阪行き最終便ではなかったか。

かくて羽田は夜を過ごす飛行機があふれ、駐機場の不足から、ついには平行滑走路の1本を潰さざるを得なくなった。

日本の表玄関は風向き次第で滑走路1本という落ちぶれようだった。

それで運輸省がやっと動いた。ただ羽田の目の前は海だ。そこを埋め立てていけば用地取得の手間も省け、滑走路も何本だって好きなだけ作れる。

実際、羽田はその後、沖合展開して2本の滑走路を作っているが、このときは「ヘドロが深くて埋め立て不能」と航空局長高橋某が真顔で嘘を言った。

それで航空局は陛下にお断りもなく千葉の奥地、三里塚御料牧場を新空港用地にした。都心から70キロもある。不便極まりないところになぜ無理して新空港を作るのか。その理由がふざけていた。

空港にはターミナルビルがつきもので国際線なら免税店も軒を連ねる。

その利権を一手に握るのが羽田なら日本空港ビル㈱だ。運輸省直営の利権会社で、トップには歴代航空局長が天下っていた。

羽田が手狭になった。それで羽田沖を埋め立てたところで儲かるのはその日本空港ビルだけだ。

ならば別に空港を作れば別のターミナルができる。つまりおいしい天下りポストが一つ増える。

それで「羽田沖は無理」と嘘を言って成田に空港を作った。めでたくターミナルビルもできて前航空局長が天下った。利用客が不便かどうかなんて知ったことではなかった。

おまけに成田闘争もあった。発端は滑走路両端の誘導灯用地が設計図になかったことだ。

設計担当が鉄道屋で、駅のホームのつもりで何も調べずに設計図を引いた。

日本ハム球場と同じ、単純な設計ミスだが、ただ日ハムと違って、ではと用地買収に行ったら、そこにはもう全共闘が横堀要塞を創り上げていた。

以来44年間、多くの警官が殺され、今も全共闘の闘争基地が敷地内に残ったまま成田は日本の表玄関を名乗ってきた。

しかし成田移転が役人どもの不埒と知れて「表玄関はやっぱり羽田」の声が大きくなった。今、羽田には既存の貧弱な国際線ターミナルに加え、新たに本格的な国際線ターミナルも新設された。

運用は少し先だが、表玄関はやはり羽田がいい。

成田はどうするか。貨物便と反日教育をやっている中国、韓国の専用ターミナルにすればいい。


（二〇一二年十一月二十四日号）

「暗黒の中世」は生きている

通称「ポパイ」という薬《ヤク》をやった黒人青年がフリーウエーを一時間も暴走してロサンゼルス北西のレイクビューテラスで捕まった。

このとき4人の白人警官が青年をぼこぼこにするビデオが世界に流され、被害青年ロドニー・キングは米国の人種差別の象徴に祀り上げられた。

州当局は事態をとりなそうと白人警官を州法で裁判にかけたが、評決は無罪だった。怒った黒人が暴れ出して死者63人を出すあのロス暴動に繋がった。

この騒ぎは米大統領選の年に当たった。

再選を期すブッシュ親父大統領は黒人票を取り戻そうと白人警官を今度は連邦法の公民権法で裁判にかけた。

それで有罪にしたが、大統領選は色情狂のビル・クリントンが勝った。

当時、ロス特派員だった。この展開は理解に苦しんだ。州法と連邦法は違うと言うが、要は同じ事件で同じ被告を二度も裁いた。法治国家ではありえない。一事不再理だ。

それに大統領が司法に介入して被告を有罪にしたのはもっとおかしい。

まともな国は三権が分立している。こういう干渉はまともな国なら排除される。その後進性を突いた原稿を出したがボツになった。

本社の米国通の曰くに「米国は高度に発展した民主国家。彼らがやる事に間違いはない」のだと。

首を傾げていたらガザで米女子学生アリサ・フラトーが自爆テロの巻き添えで死んだ。

米議会はそんな悲劇を生まないようテロから2年後に「テロ支援国家訴追法」を成立させた。

アリサの家族はこの新法を使ってイラン政府を訴え、連邦裁判所は2億5000万ドルの賠償命令を出した。

イラン側は、テロ支援はともかく、「歴とした事後立法だ」と指摘し、無視した。

確かに申し分ないほど立派な事後立法で、まともな国では起こり得ない話だ。

こう見ると米国はやっぱりそれほどご立派な国じゃないように思えてくる。

確かに世界が奴隷解放に向かい、ナポレオン戦争では農奴まで解放していた時期に米国は黒人奴隷をどんどこ入れ、先住民をどんどん殺していた。

日本人が近松の人情ものに涙していたころ、マサチュセッツのセーラムでは本気の魔女裁判が行われ、19人を処刑している。

同じ時代を背景にしたナサニエル・ホーソンの『緋文字』では不義を働いた女ヘスターを通してキリスト教の迷信に支配される無知な人々の姿を描いている。

それはなぜか。メイフラワー号で渡ってきたオリジナル米国人は欧州でその後に起きた宗教改革もそこから始まる教会離れも経験していないからだ。

「暗黒の中世」をそのまま新世界に持ち込み、それに安住してきた。だから黒人奴隷を使い、先住民を殺しても何のためらいもなかったのだろう。

この性根は変わらない。世界が黒人奴隷を非難するとそうですかと黄色い奴隷、苦力《クーリー》に切り替えた。それでいいと思っている。

女性に対する姿勢も中世のままだ。ずっと「女は子を産む道具」（マーガレット・サンガー夫人）でしかなかった。

だから州法で妊娠しにくい女の騎乗位を禁じ、夫婦が避妊具を使うことも犯罪とした。とくに中絶は「創造主が我々を創られた」（独立宣言）から神に対する大罪とされ、法律で禁じてきた。

女性解放が叫ばれたのは第二次世界大戦後になってからだ。多くの州で中絶が容認され、最高裁もリベラル派判事が多数を占めた1973年、やっと中絶を合法とした。

それでも米国には中世が生きていて毎年のように中絶医が殺されてきた。

そんなとき大統領になったトランプはせっせと最高裁の判事を入れ替え、9人中6人を保守派にした。

彼らは中間選挙前に突如として判例を覆して中絶禁止を判示した。

『緋文字』の世界から300年。へスターを先頭に女たちが営々と戦ってやっと勝ち取った自由がここにきて奪われてしまった。

中間選挙でトランプ共和党がなぜ負けたか。

バイデンの無策は許せないが、トランプはもっと許せない。全米の女を怒らせたら次の大統領選が危うくなることにまだ気付いていないみたいだ。


（二〇二二年十二月一日号）

電通と朝日の深い仲

電通ＯＢの高橋治之が東京五輪組織委を舞台に出入り業者から2億円近い賄賂を取って捕まった。

組織委には多くの電通職員が出向していた。みな高橋の子分だ。一緒になって五輪を食い散らかしていた。

そっちにも捜査のメスが入ったが、それについて朝日新聞は「腐敗の祭典だったのか」と初めて聞いたように驚いて見せた。

その後もしつこいほど社説で取り上げては組織委を批判するが、なぜか「電通」批判はこれっぽっちもない。

むしろ「竹田宮様はどうなのか」とそっちに話を持っていく。

あまり深く突っ込むと宮様が危ないと言っているようにも見える。

が、それはない。悪いのは電通で、それは五輪取材記者だけでなく、こちらみたいな元記者だって知っている。朝日が社説で初めて知ったように書くことの方がむしろ不自然だ。

それに電通の横暴と朝日は常に一体だったように元記者は記憶する。

いい例が２００２年のサッカーＷ杯だ。

日本はその10年前、名乗りを上げて「アジア初の開催国」を勝ち取った。

こういう国際的な祭典はそのころから電通が仕切っていたが、当時の電通社長の成田豊がＷ杯を「韓国と一緒に」と言い出した。

何を言う。今度のカタールだってＷ杯開催の栄誉に応えるべく、禁じ手の中国企業に会場建設を任せた。結果、いい加減な工事のせいで６５００人が死んだが、中東初のＷ杯を何とか立派にやってみせた。

その栄誉を日本が自ら放棄し、ルールもマナーも常識すら弁《わきま》えない国と共催にしろと成田は言う。

実は彼は韓国で生まれた。韓国の弥栄《いやさか》だけを考えて韓流ものをＮＨＫに流させたのもこの男だ。

その思いを通すために成田は朝日新聞に協力を求め、日本単独開催を疑いもしない世論を封殺した。

朝日がなぜ応じたかというと、朝日もまた成田と同じに昔から親朝鮮で、金日成が人手不足に悩むと「北朝鮮は地上の楽園」キャンペーンを張って在日９万人を送り出している。

文鮮明が出て日本をサタンと罵り、贖罪を求めると、それに呼応して植村隆に「従軍慰安婦が重い口を開いた」と書かせ、贖罪意識を大いに煽った。

それで多くの日本女性が喜んで霊感の壺を買い、自ら進んで韓国の貧しい男たちに操《みさお》を捧げるよう仕向けた。

Ｗ杯開催の栄誉も同じだ。その半分を「贖罪として韓国にやるべきだ」と朝日は成田構想を賞揚した。

ＦＩＦＡはしかし日本単独開催で決めたことだ、あんな国と共催を許した覚えはないとむずかる。

それを高橋と鄭夢準が駆け回って話をつけたと元記者は聞いている。

そんな経緯があって21世紀最初のＷ杯は日本人が知らない間に日韓共催という異常な形で開催された。

結果はみんなが知っている通り。韓国は前代未聞の審判買収をやり、ラフプレーのし放題でＷ杯の歴史に大きな汚点を残した。日本も成田と朝日のせいでその共犯者にされた。

しかし朝日はそんな韓国チームを褒めちぎり、準決勝進出を朝刊一面トップで「快挙」と報じた。

それから20年経った先日の朝日のコラムで箱田哲也記者があの時の感激を再掲していた。恐らくは電通の指示があってのことだろう。

でも、なぜ朝日はここまで電通に尽くすのか。

朝日は昔から嘘ばかり書いてきた。「北朝鮮は地上の楽園」に始まって本多勝一の「中国の旅」に「これが毒ガス作戦だ」「都城連隊が南京で大虐殺」、そして吉田清治の「従軍慰安婦」の嘘が続く。

みな悪質な嘘で、どれか一つで経営が傾いてもおかしくないのに朝日の経営はなぜか堅調を続けた。なぜなら新聞社の収益の半分を占める新聞広告を仕切る電通新聞局が世論を無視し、朝日に優先して割り当てているからだ。

その手口が表に出て糺《ただ》されれば、朝日には金輪際広告は載らなくなる。

だから朝日は電通を庇い続け、竹田宮に罪を擦《なす》り付けようとしている。朝日が潰れるのを早く見たい。

（二〇二一年十二月八日号）

織田信長は偉かった

ユダヤ教の神ヤハウェは天地を創造し、ヒトも含めすべてを創った。ただ少し抜けていてバール神とかその他大勢の神も創ってしまい、ユダヤの民には「他の神を崇めるな」と命じる羽目になった。民は従うが、今度は「濫《みだ》りに我が名を口にするな」という。「神様、助けて」とか神頼みはするなと。

神はまたＬＧＢＴも嫌いで、ソドムの街は焼き払われた。

その点、日本の神々は違う。ひたすら民を思う。災いがあれば、それを神様が祓って川に流し、川の神が海の神に渡し、最後は水底の神が海の底に埋めてしまう。川の神は「千と千尋」にもちょっと顔を出していた。

そういう神々を祀る伊勢神宮や諏訪大社、豊川稲荷などは日本列島を縦断する大断層、中央構造線の上に建っている。

断層がもたらす地震や噴火を鎮めるためにおわすのだ。

日本の神々は不浄を嫌う。とくに死を嫌う。だから神社内では絶対に葬式をやらない。人々は困って、死にそうな召使には暇を出し、多くが行路死した。

芥川の『羅生門』にはそうした死体であふれる京の都が描かれている。

その惨状にお寺の坊主が目をつけた。

お釈迦様は涅槃に入るとき「葬式はするな」と言ったが、それは聞かなかったことにして以来お寺が死人の始末を始めた。

坊主が葬式を仕切り、戒名に卒塔婆に墓石も売りつけた。坊主丸儲けだった。

カネができ、真剣に彼岸を信ずる信徒がたくさん増えれば坊主は増長する。

荒法師が京を荒し、坊主軍団が政争に割って入って政治を動かしてきた。

意のままにならぬは「鴨の流れと山法師ども」と白河法皇が嘆いたのもこのころだった。

一向宗の坊主たちはとうとう加賀を支配するに至って、信長は信仰心を悪用する坊主の成敗に出た。

一向宗総本山の石山本願寺を討ち、比叡山の天台宗延暦寺も攻め落とした。

信長記には女子供に至るまで皆殺しにしたとある。ルイス・フロイスが「悪魔の所業」と非難するほどの振る舞いだった。

ただ歴史作家、塩野七生は別の評価をする。信長以降、坊主は「分を弁え、政治に口出ししなくなった」と。

もう一つの外来宗教、切支丹は神の愛を説きながら奴隷商売に勤しんだ。

秀吉はイエズス会のコエリヨに真人間になれと説くと、彼は反発して切支丹大名を語らい、秀吉を討つよう画策した。

そういう政治性を家康も家光も嫌い、島原の乱では女子供まで殺した。以後、日本人キリスト教徒も己の分を弁え政治に口出しをやめた。

明治政府も、五榜の高札で切支丹を含む邪道の布教を厳しく禁じた。

海の向こうのキリスト教徒に進歩はない。米国では明治維新の3年前まで黒人奴隷を使い、禁止されると今度は苦力《クーリー》を買っていた。

一方日本では宗教が躾られ、それによるゴタゴタは一切なかった。

しかし戦後、馬鹿なマッカーサーがきた。

日本軍に叩かれ敵前逃亡までしたこの愚将は日本軍の強さの源「大義」を知らなかった。

それを日本の神々への信仰心だと邪推し、神道を邪教とするＧＨＱ憲法を押し付けてきた。ために忠魂碑を拝むことも靖国詣でも咎められた。しかし神道は好きに叩きのめしたが、その他の仏教やキリスト教から新興宗教まで何をしても許された。

オウムは弁護士一家3人を殺し、長野で8人を殺害しながら信仰の自由を盾に警察の捜査すら阻んだ。

創価学会は信長が許さなかった政治に口を出し、文鮮明は朝日新聞が慰安婦の嘘で支援したこともあって日本人に贖罪のカネを出させ、日本人女性には自ら韓国人の性奴隷となるよう仕向けた。

この文鮮明の不遜をきっかけに、国会は初めて神道以外の邪教にメスを入れる気になった。瓢箪から駒というか、宗教がそも邪悪な存在だったことを再確認できた。

日本人には外来宗教も新興宗教も似合わない。日本の神々が一番いい。

（二〇二二年十二月十五日号）

江沢民が踊った炭坑節の節回し

北京政府は1989年6月、天安門前に集まって民主化を叫ぶ学生がうざったくて、戦車を入れて轢き殺すか撃ち殺すかした。

世に言う天安門事件は世界の顰蹙を買い、西側諸国は中国と絶縁した。

西側からもうカネも期待できない。こんなときはソ連が助けてくれたものだが、そっちはアフガンの泥沼から足抜きできず、中国の面倒を見る余裕もなかった。

さて、どうするか。悪知恵のある鄧小平は下っ端の江沢民を総書記に据えた。

彼の父、江世俊は米国丸抱えの蔣介石政権を嫌い、日本側に付いた汪兆銘南京政府を選んで仕えた。息子、沢民も父に倣って南京中央大に入り、日本語学科をとり、日本人との付き合いも多かった。酔えば炭坑節を歌い、踊った。すごく上手かった。

日本が負けるとすぐ叔父の養子になって「漢奸の息子」の誹《そし》りを避けたと日本の歴史書にある。それで江沢民は順調に出世できたと。

しかし賢《さか》しい中国人が日本人ですら知っていることも知らずに漢奸の子を総書記にしたと思っているとしたら、そう思う方がおかしい。

鄧小平は勿論、江沢民の出自は承知の上で、この難局を乗り切るには日本を転がす以外に手はない。それができる者に指揮を執らせようじゃないかと考えた。

で、江は天皇の中国への招致を考え出した。天皇が北京に立てば国際社会への復帰はなったも同じだ。

それで副首相の呉学謙を日本に派遣した。教科書検定で「文部省が侵略を進出に書き直させた」と朝日新聞がフェイクを流したときに乗り込んできた男だ。

そのときから呉は外務官僚の谷野作太郎と朝日の渡辺誠毅を好きに転がせるようになっていた。

呉は両者を使って裏工作をやらせ、「天皇訪中」を実現させた。

江はこのあと日本に掌返し外交を始める。

後に出した「江沢民文選」の中で江は対日外交の基本に「日本軍は残忍で満洲侵略からの15年間で3500万人を殺した」ことにして「日本には歴史問題を永遠に語り続けよ」と命じている。

人民にも反日を植え込んだ。町ごとに抗日記念館を建てた。その建設費は日本のODAから出した。

中学の教科書には、手足を切断され乳房も切られた女性を日本軍の医師が見下す写真を載せて「残酷日本軍の行為」として教えた。

しかしそれは24歳の日本人女性を蒋介石軍兵士が犯したあげく目鼻を削ぎ残酷に身体を刻み、陰部に棒を突き立てて殺した済南事件の被害者とそれを検屍する日本軍医師の写真というのが正解だ。

日本では惨《むご》すぎると公表されなかったが、江は「中国女性を生体実験した」証拠写真に仕立てた。

江は97年の訪米時、わざわざハワイ・真珠湾に立ち寄って「日本は米支共同の敵」と浅沼稲次郎みたいなことも言っている。訪日したときも宮中晩餐会に平服で出て「日本は侵略国家だった歴史を忘れるな」とぶち上げた。

南京大虐殺を初め江の言う歴史が全くの嘘なことは彼自身が知っている。そんな嘘を中国の窮地を救われた陛下の御前で捲し立てた。居並ぶ者はみな江沢民の非礼を怒った。

陛下も暫くして池田維《ただし》元アジア局長に「中国に行ったのはよかったのだろうか」と反語法で聞いている。

朝日はすかさず「陛下が訪中を『よかった』と言った」とお言葉の一部を切り取って報道

した。

（2017年10月30日付）


朝日がどう言い繕おうと、お言葉には中国への強い不信と怒りが滲んでいたように思う。

しかし陛下の思いとは裏腹に今どきの臣民は何も考えない。谷野作太郎を罰するどころか、ただただ日支友好を唱え、ＯＤＡを垂れ流してきた。

中国が日本の脅威になってからも防衛予算をカットして浮いた分を対支ＯＤＡに回してきた。

江沢民が先日、亡くなった。朝日は社説でその死を悼み、例えば資本家でも党員にした柔軟さを褒めていた。でも、それは単にいい加減なだけと評すべきものではないのか。

それより彼が貪り続けた日本からのＯＤＡが44年目の今年、終わった。

江沢民はそれを待っていたかのように死んだ。

それは蛭が血を吸い切ってぽろり剥がれ落ちるのとよく似ていないか。


（二〇二二年十二月二十二日号）

敵軍より自軍を殺す中露の伝統

プーチンがウクライナに侵攻して大分経つ。

当初は1週間でキーウ陥落と思っていたから随分と当てが外れた。

ロシア軍の戦死者数はもう2万を超えたともいう。

この国がもっと不自由な共産国家だったころ、アフガン侵攻をやった。

やはり躓《つまず》いて戦死者だけが増え、それが1万5000人を超えたとき「兵士の母」が立ち上がった。

母たちはゴルバチョフに詰め寄ってアフガン撤退を決断させた。そしたらついでにソ連の屋台骨まで崩壊してしまった。

今、その数字がラインを超え、プーチンは渋々「兵士の母」に会った。でも「人はみな死ぬ」とか煙に巻いてとぼけ通した。

しかし街には厭戦気分が溢れ、兵士の成り手が消えた。それで服役中の重犯罪人が駆り出された。

「戦場で好きに殺せば娑婆に出してやる」と約束したのだろう。

そしたら「中国では秦の昔から罪人部隊を使っていた」と哲学者加地伸行が産経新聞に書いていた。

始皇帝没後に反乱が起きたとき「重罪人を赦《ゆる》し武器を授け、反乱軍を撃破した」と史記にあるとか。

ただ罪人に忠誠心はない。隙があれば逃げるから必ず「督軍（督戦隊）がついた」という。

中国では督戦隊は普通の部隊にも付けている。

南京戦では日本軍が迫る中、城内の中国兵が反対の挹江門《ゆうこう》の方に逃げると城壁の上で待ち構えた「督戦隊が銃撃して屍の山を築いた」と戦史叢書にある。

朝鮮戦争でも、台湾に逃げそこなった蔣介石の国民政府軍の残党が毛沢東に駆り出され、督戦隊に脅されてあの人海戦術をやらされた。

ロシアも同じ。スターリンは対独戦で「一歩も下がるな」とする人民委員令を出し、各部隊に200人の督戦隊を付けて逃げる兵士を射殺させた。

中国もロシアも囚人部隊とか、督戦隊とか、示し合わせてもいないのに同じことをやる。

とくに敵軍より自軍兵士を情熱をもって殺すところがすごい。

ほかにも共通点がある。

ウクライナに入ったロシア兵は市民を殺し、家々を略奪して回ったが、そこで仮泊したあと「自分が寝たベッドの上に必ず排泄していった」というテレビ報道があった。

それで遠藤誉の『卡子《チャーズ》』を思い出した。彼女の長春の家に八路軍の小隊が押しかけて一泊していった。

翌朝、彼らが発ったあと座敷に行ったら緞子《どんす》の布団の上に小隊の員数と同じ数の大小便が残されていた。

そう言えば数年前、加地先生の案内で高野山を歩いたとき宿坊の女将から中国人団体客の話を聞いた。

彼らが出たあと「部屋にいって卒倒しました」。

『卡子』と同じに全ての布団の上にみんなが用を足していた。壁や襖にもそれを擦り付けていた。

この宿坊は囲碁の名人戦の会場にもなった由緒ある宿だ。布団はすべて焼却し、襖も畳も張り替え、壁も塗り替えた。以後、中国人客は一切お断りだという。

ともに現代の中国人、ロシア人が巧まず取った行動だが、類似点はまだある。

イワン雷帝は商都ノブゴロドに謀心ありと疑った。

彼は先遣隊を送ってまず城門を閉ざした。市民が逃げられないようにしてから全市を制圧し聖職者や貴族を捕え、処刑した。

女子供は縛って厳冬の池に投げ込んだ。3000人が殺されたという。

一方、蔣介石は日本を戦争に引き込むため盧溝橋で挑発した。日本軍が乗らないと次に通州を襲った。彼らは在留日本人宅を一軒ずつ検《あらた》めては家人を引き出し、犯したうえ殺した。250人が犠牲になった。

このときも中国人はまず通州の城門を閉じて日本人を逃げ出せないようにしてから虐殺を始めている。顔つきも肌の色も違う中国人とロシア人。ただ彼らがやることはまるで双生児のようにそっくり同じだ。

そのロシアは核を持たないウクライナを蹂躙中だ。一方、中国人の目の前には非核に拘《こだわ》る日本がある。

非道の中国が攻めてこないと誰が言い切れるか。

（二〇二二年十二月二十九日号）

第三章　美名も悪名も裏がある

財務省の「一つ覚え」で国が滅ぶ

中国の戦艦「定遠」と「鎮遠」が哨戒航行中に俄かに故障したと称して長崎港に緊急入港した。日清戦争開戦8年前のことだ。

間もなく500人の中国人水兵が勝手に上陸し、丸山町の遊郭に上がろうとした。

しかし日本の色街は昔から「粗野なよそ者はお断り」していた。水兵が暴れ出し、警察が出動して二日に渡る騒動となって結局、中国人4人と巡査2人が死んだ。

英公使が仲裁したが、まだ中国は大国扱い。中国の横暴が罷り通り、日本は中国の3倍の慰謝料を払わされた。

中国の艦隊はその後2回も押しかけ、ペリーを真似て浦賀にまできた。日本は嘗められっ放しだった。今の状況とよく似ている。

政府は海軍増強を諮ったが、議会は「まず民の福祉だ」とゼロ回答を続けた。

ここで明治天皇のお言葉があった。「国防を一日疎かにすれば百年の悔いを残す」「朕は宮廷費のうち30万円を今後6年間、製艦費に差し出す。文武官僚も倣ってほしい」と。臣は従い、民は所得税の形で負担に応じた。五箇条のご誓文に言う「上下心を一にして盛んに経綸を行うべし」が形となり、日清戦争に勝利できた。

下関条約では清に朝鮮の独立を認めさせたが、それが裏目に出た。国際感覚のない李氏朝鮮はすぐ露西亜に基地を提供して日露戦争が現実のものになっていった。

最強の陸軍と三つの艦隊を持つ敵に備え、政府は日清戦争時に設けた税を継続したうえにさらに法人税と砂糖消費税、織物消費税、通行税を新たに課した。

対露戦は下瀬火薬の発明もあって日本は露海軍を殲滅する圧倒的勝利を飾った。

しかし太平洋を挟む米国は黄色い新興国が強くなるのを望まなかった。

セオドア・ルーズベルトは親切そうに日露和平の仲介と称して日本に1ルーブルの戦時賠償金も入らないようにした。

日本は戦争に勝ちながら戦時債の償還もできず、フランスから新たに借款するほど追い詰められた。戦時に設けた新税はそんなわけで暫く継続された。

しかも米国は日本が日露戦争で得た唯一の権益、南満洲鉄道にも干渉した。

ついには「満洲は中国の領土」（スティムソン・ドクトリン）と日本を侵略国家に仕立ててき

た。

中国は古来、長城の内側が領土で、満洲は満洲人の領土だという事実も無視された。米国はその上で蔣介石軍を傭兵にして日本人租界を攻めさせた。

日本と中国が戦争状態に入った。政府はその戦費と明日に迫った米国との戦いのため新たに源泉徴収税を作ったほか入場税、遊興飲食税、物品税を新設し、日露戦争後に廃止されていた通行税も復活した。

これにより日米開戦時には戦艦「大和」以下385隻の戦闘艦と航空機3260機、そして51個師団を擁する陸軍を整えられた。

しかし主要白人国家群とその傭兵国、中国を相手に戦って勝てるはずもない。

戦後、陸海軍は消滅したが、日本が侵略もしていない東南アジア諸国への賠償を命ぜられ、その財源として各種税金はそっくり残された。三流官庁の財務省がその辺を管掌することになった。

ここの人材も三流で趣味はノーパンしゃぶしゃぶ。頭も悪く、何とかの一つ覚えで「赤字」を極端に嫌った。

平時の国家予算の25%を占めた軍事費が消えた。その分は減税できるのに、財務省は「税収減」も嫌った。

税収が溢れかえると余剰は例えば外貨準備に回す。因みに各国の外貨準備はＧＤＰの５％以下だが「日本は25％」（高橋洋一）もある。いわゆる埋蔵金だ。

財務省が異常なのはそれでも新税を作りたがる。東日本大震災のときも埋蔵金はそのままにして復興新税を作った。

カネがあれば他の役所をも好きに操れることに気づき、今や日本のディープステートを気取り始めた。

今、軍事費増強が語られると偉そうに「軍事費も増税でいけ」と岸田に命じて、首相はそれを国会で鸚鵡《おうむ》返しに答弁していた。

この役所の浅はかさを実は安倍元首相は見抜いていた。だから潰そうとした。

安倍元首相を暗殺したのは中国でも米露でもない。財務省がやったというのはホントかもしれない。

（二〇二三年一月五日・十二日号）

天災と人災と「いろは歌」の心

日本に逗留中のラドヤード・キプリングは今でいう震度5弱ほどの地震に遭った。床も壁も天井も踊り出し、死ぬ思いで表に這い出したら、その家の女たちが「とっくに終っていますよ」とにこにこ笑っていた。

「日本人は最後の審判すら笑って通るのだろう」がキプリングの感想だった。

下田に来たプチャーチンは安政の大津波に遭った。彼のディアナ号はあの港の中をぐるぐる42回も回されて大破した。

風が吹けば江戸の半分が焼ける大火を生み、長雨が続けば鉄砲水か、下手すれば川が氾濫して村ごと消えてなくなる。

地震も噴火も台風もない白人世界から来たら日本はまるでリバイアサンの巣窟に見えたかもしれない。

しかしキプリングが見たように日本人はどんな災害も笑顔で受け入れる。

エドワード・モースは東京の近郊で起きた大火を「三マイル走って見に行った」ら被災した人々が笑いながら町の再建に力を合わせる姿を目撃している。

後にスイス大統領となるエメ・アンベールは維新前の日本に来ている。

母国と違って女の子も一緒に読み書きを習っているのに驚いたが、もっと驚いたのが子供たちが初めに習ういろは歌だった。

色は匂へど散りぬるを我が世誰ぞ常ならむ有為の奥山今日越えて浅き夢見じ酔ひもせず

こんな小さいころから世の無常と死を教え、身勝手な夢に酔うことなく心安らかにあれと諭す。日本人の心にそれが根付いているのをモースはたまたま大火の焼け跡で垣間見たことになる。

世界も3・11大震災のときにそれを目撃した。

救援物資を届けられた被災者が「私はいいからもっと困っている人に」と固辞する姿だ。「救援物資」とは世界では「我先に略奪するもの」を意味する。トルコの山奥でクルド人難民にトラック一台の救援物資が届いた現場を見たことがある。

群衆が我勝ちに荷台によじ登り、トルコ兵が銃の台尻で殴りつけ、空砲まで撃つが誰もひるまなかった。

その日本人は今もいろは歌の心を持っているのか。

この国はいつも火山が噴火してきた。阿蘇も雲仙普賢岳も有珠山も。御嶽山も噴火して、登山客63人が犠牲になった。山もまた無常だった。ただ犠牲者の家族は無常を拒んだ。火山警報を出さなかった気象庁に責任がある、4億円の賠償金を払えと訴えた。

一審は訴えを棄却した。世は無常だと。

この裁判と前後して東電福島の被災住民が「国は原発政策を導入し、加えて大津波を予測したのに東電に防潮堤を作れと命じなかった」から一人当たり3000万円を払えと訴えた。

最高裁は国が原発導入を決めたことは認め、だから「無答責」と答えた。

これが世界の通念なのに日本では敗戦利得者の南原繁がGHQに阿《おもね》って国家賠償法を成立させた。

それが殺人鬼にも悪用されたが、やっと最高裁が正気付いたことになる。

何でも国にたかろうとするなというわけだ。

二点目の防潮堤も、仮に予測に従って作ったところで「あの津波は（人知を）遥かに超えた規模で被害は免れなかった」と。

人間が津波を予測しコントロールできると思うこと自体が尊大だ。いろは歌にある大自然に対する畏敬の念を忘れた思い上がりだと判示した。

東電福島事故の被害者は確かに耐え難い苦痛を嘗めてきた。

だから東電は莫大な補償を支払い、全国民も所得税の2%増額を負担し、国も特別会計を組んで支援は11年を超えた。

それでも国民に感謝するでなし、津波まで国の責任と言い張る。

最高裁の判決からまもなく産経新聞にソウル発の黒田勝弘のコラムが載った。

「日本では自然災害は天災だが韓国では災難はすべて人災にしたがる」

だから旱魃を恐れる王様は毎日雨乞いし、今の大統領は船の転覆にも責任を問われる。

日本人もあちらさんに似てきたのかしらん。


（二〇二三年一月十九日号）

西太后の為の弁明

習近平は国家主席に就くとすぐ日本を罵り始めた。

北京でだけでなく英国に行っても「日本は残虐だった」と吹いて回った。

南京大虐殺の嘘も三倍に膨らませ、日清戦争についてもわざわざ記念式典を催して「日本の中国侵略の始まりの日」にした。

それは嘘が過ぎる。

中国は当時、最新鋭の巨大戦艦2隻を備えた東洋一の大艦隊を擁して逆に日本侵略を考えていた。

対して日本は小さな巡洋艦しか持っていなかった。

中国人は弱い相手にはいつも嵩にかかる。ペリーを真似て艦隊を東京湾奥に乗り入れ、ダメだというのに瀬戸内海も通り抜けた。

日本人は無作法を嫌う。

かくて貧弱な日本艦隊は三倍の中国艦隊に戦いを挑み、陸戦でも雲霞の如き中国兵と戦った。

世界は日本の負けを疑わなかったが、結果は中国の無様なまでの敗北だった。

しかし習近平は敗れた中国をあたかも「犯された処女」のように装う。

ただ、みっともない負け方には言い訳が必要と思ったか、あれは「当時の満洲人王朝清の腐敗と無能のせいだ」と釈明した。

貴重な戦費を頤和園の修復に回した西太后の罪だと露骨に仄めかした。

でもこれも過ぎた嘘だ。

清は大艦隊を整えたうえ、それを動かす士官の養成にもカネを惜しまなかった。19人の中国人青年士官を英海軍大学に留学させ、英国からも多数の軍事顧問を招いた。

海戦では負けるはずはなかったが、でも負けたのはなぜか。

例えば高級士官、方伯謙を見よう。彼は英海軍大に留学し、戻って巡洋艦「済遠」の艦長に抜擢された。

初陣は日清戦争劈頭の豊島沖海戦で、日本の巡洋艦「浪速」とぶつかった。艦長は東郷平八郎だった。

砲撃戦で「済遠」は被弾すると白旗を掲げ、艦を停めた。公式の降伏の形だ。

東郷艦が拿捕のため接近すると方伯謙は突如魚雷を放って遁走した。東郷は危うく躱《かわ》したが、世界は海戦の国際ルールを逆手に取った悪辣さに呆れた。

「済遠」は黄海海戦にもぬけぬけ出てきたが、激戦になると艦首を巡らせて逃げ出した。僚艦の「広甲」もつられて遁走した。

主要艦2艦が逃げたら東洋一の大艦隊だって陣立は崩れる。中国は惨敗した。

中国人（漢人）にいい教育を施せばまともになると米国務省のピルズベリーは考えた。が、30年経ってそれが間違いと知った。

満洲人の西太后も思いは同じだっただろう。彼女は敵前逃亡した方伯謙を捕え旅順で首を刎ねた。

「腐敗と無能」はむしろ中国人将兵の方だった。

しかし当の中国人は方伯謙の斬首を今も冤罪だと言い張る。白旗で相手を油断させてなぜ悪い。時に利がなければ再起を図る。劉邦だってそうやったと。

いずれにせよ悪いのは西太后だとしている。なぜ彼女をそこまで憎むのか。

だいたい中国人は昔から長城を越えてきた異民族に支配され、奴隷にされ続けた。とくに清は厳しく差別し、満洲人との通婚も禁じ、後宮にも中国女は入れなかった。

彼らの蛮風もそのまま残ったが、西太后は日清戦争敗戦の反省から初めて漢人の改良に取り組んだ。

まず纏足を廃し、何日も生かしながら切り刻んでいく残酷な凌遅の刑もやめさせた。さらに科挙の制も廃し、日本留学を登竜門にした。

負けた国に学ばせる。彼女の度量の大きさが分かるが、漢人にすれば西太后は自分たちの習俗や伝統をただ破壊するだけの満洲女に見えたのかもしれない。

おかげで辛亥革命後には4000万人が投票する総選挙までやったが、それもうたかた。漢人は徐々に元の顔に戻っていった。典型は蔣介石軍の孫殿英だ。

彼は演習を装って西太后の眠る東陵を荒らした。棺も暴いて兵卒は屍姦し、口中にあった夜明珠も盗んだ。

それを知った蔣介石は罰するどころか上前を要求し、宋美齢も便乗して夜明珠を取ってスリッパの飾りにした。漢人改良に尽くした西太后へのこれが漢人のお返しだった。

習近平も歴史を直視して西太后と日本を正当に評価してみるがいい。


（二〇二三年一月二十六日号）

校長先生獄中記

橋下徹が大阪市長だったころ、学校教育の活性化を図るとかで校長先生を一般から公募した。

教職は結構、過酷だ。行儀も知らない児童生徒どもを体罰もなしで躾け、なおお勉強もさせる。

おまけにもっと身勝手な父母どものハラスメントにもじっと耐えてトラブルなしで25年間務め上げたらやっと教頭になれる。

それが最後の難関で、学校の中で一番我儘な校長を相手に、円形脱毛症になりながら忍従の3年を経てやっと校長に昇格できる。それほどのポストなのだ。

そこに教育が何かも知らないよそ者が来てぴょいと座ろうという。

現役の先生にはたまらない屈辱だが、橋下はそんな教員の心の葛藤も理解でき、なお前向きな人格者の発掘を約束した。

で、11人の公募校長が決まった。その一人が巽中の校長になった北角裕樹。並みの校長より20歳も若い37歳。前職は日経記者という。

こちらの体験で言うと記者でやっていけるかどうか見極めがつく年ごろになる。向かないと思ったら胡麻擂《す》りに励んで管理職を目指す。

北角はその意味で胡麻も擂らずに管理職校長になった。万々歳だっただろう。いい気にもなる。課外授業の川遊びにも付き合って、はしゃいで生徒を川に突き落としたりした。

生徒が怒ると、何だその態度はと本気で水に沈めて周りがびっくりして止めに入ったりもした。

教員室でも同じ。教頭が諭すと怒鳴りつけて衆人の中、土下座をさせた。

PTAも呆れ、新聞各紙も「橋下が選んだろくでもない校長」を報じた。北角はふてくされて出ていった。

そして7年。巽中の卒業生が新聞を開いて吃驚《びっくり》した。あの非常識校長の写真が麗々しく載っていた。

記事に曰く。国軍と民主派勢力が深刻に対立するミャンマーで「日本人のフリージャーナリスト北角某が国軍に逮捕、拘束された」とあった。

追いかけて望月衣塑子やラサール石井ら色付きの人たちが「政府は北角を救出せよ」と会見もやった。

実際、この報道の少し後には民主派勢力のシャン族の大物ら4人が絞首刑に処された。あのダメ校長がミャンマー民主化の国際的なヒーローに変身し、今は十三階段の下に立たされているような騒ぎぶりなのだ。

昔を知る人たちは大いに戸惑った。

幸いというか、北角は全くの小物だったようで処刑どころか裁判もなしで3週間留め置かれたあと国外追放処分とされた。

ただ日本では「ミャンマーの民主化に身を挺した大物」扱いのまま。成田空港では新聞記者が待ち構えていて、帰朝会見までやった。

それだけじゃない。新年早々から朝日新聞に「北角裕樹のミャンマー獄中記」のタイトルで連載が始まった。ベトナムのホーチミン並みの扱いだ。

その触れ込みの割に中身は薄い。例えば看守長らの「厳重な監視下で2週間に一度、日本大使と直に電話できた」という。

いかにも大物風だが、拘束は3週間。電話は一度だけという意味だ。

他の囚人と「こっそり話した」とあるが、北角は「ビルマ語はだめ」だから一体何を話したのか。

それに「看守が履物を差し入れしてくれ、暑さを凌ぐ水浴びも自由」だからちっとも緊張感はない。

視点も「市民」対「国軍」の構図のみ。

国軍がこの国の主のビルマ人で、市民とは英植民地時代に山を下りたシャン、カレンなど山岳民族という新聞が語らない実情もまったく知らないようだ。

両者の戦いは日本軍が英軍を叩き出したときに始まり、1980年代にはヤンゴンのすぐ北のペグーまで山岳民族側が押し寄せていた。

ビルマ側が押し返すと英国がスーチーを送り込んで山岳民族側は「民主派勢力」と名を変えた。コソボと同じ民族闘争だ。どっちが悪いとか、よそ者が決めつける問題じゃない。

因みに朝日は北角の「橋下が選んだロクでもない校長」という過去を一度は報じていたが、ヒーローには邪魔と思ったか、ウエブから削除されていた。

そこまでごまかす心根がコワい。


（二〇二三年二月二日号）

シン日英同盟のススメ

米国人は日本人を東洋のアパッチくらいに見ていた。

だからペリーは琉球に着くとすぐ首里城を取って琉球占領を宣した。

ハリスはさしずめインディアン交易商人だ。日本人が国際相場に疎いことに付け込んでメキシコ銀貨1枚と一分銀3枚を等価値だと言って数十トンの小判をただ同然で持ち出した。

貧乏なリンカーンがいつの間にか近代装備を施した軍隊を備え、南北戦争を仕掛けたのも「日本から騙し取った莫大な小判のおかげ」（小名木善行『金融経済の裏側』）だった。

そのうち日本は日清戦争に勝ち、日露戦争にも勝つと米国もちょっぴり警戒心を持つようになった。

それでも根性が卑しいから金儲けが優先した。

器用で安価な日本人の労働力を重宝し、フォードやエンジンメーカーのP&W社が下請けに使った。

おかげで日本人は先進技術を直に学べ、自動車業界ではトヨタが見よう見まねでいい車を作り出した。

飛行機業界も多くを学び、海軍航空技術廠はそれで93式練習機を作った。通称「赤とんぼ」は曲芸飛行も可能な操縦性、安全性に優れた傑作機で、日本政府は学ばせてもらったお礼に3機を米国に贈った。

貰った方は日本製かと鼻で笑ったが、飛ばしてみると実にいい。で、それをモデルにPT27などを作った。

真珠湾の朝。オワフ島北のカフク岬から進入した97式艦上攻撃機の操縦士は目の前に1機の「赤とんぼ」が飛んでいるのを見て驚いた。

それはまさに米国版赤とんぼ機で、操縦していた22歳のコーネリア・フォート嬢は「日の丸戦闘機を間近に見た」時の人となった。

終戦後、米国は日本が再起しないよう重厚長大産業をすべて解体して中国に運び出そうとした。

ところが移転先のはずの満洲が中国人によって廃墟と化していた。「中国を工業国家化し、米国の市場とする」夢は幻に終わった。

おまけに朝鮮戦争も起きて米軍は日本の工業力を潰すどころか、それに縋《すが》らざるを得なくなった。

それでも日本弱体化は米国の国是だ。日本人が新しい技術を学べないよう、米企業の下請けラインから日本を外した。

日本の自動車産業はために停滞したが、救いの神が現れた。英国だ。

昔の日英同盟の誼《よしみ》か、安くて良質の労働力は英国にも有利で、ヒルマンやオースチンは日本でのノックダウンまでやらせた。かくてサンビームやトライアンフなど有名スポーツカーが日本の街を走る新しい風景が生まれた。

英国はもう一つ日本の産業界に大きな貢献をしてくれた。原子力発電だ。

米国は日本人が核を持てば必ずヒロシマの報復をすると信じ込んでいて、核の勉強にもなる原発には触らせもしなかった。

英国はそんな思いはないから天然ウランを燃やすコールダーホール型黒鉛炉を日本に供与した。

実はこの黒鉛炉から採れるプルトニウムで長崎型原爆が好きなだけ作れた。

青ざめた米国は黒鉛炉廃棄を約束するなら軽水炉を提供しますと頭を下げた。日本のエネルギー政策は大きく好転した。何もかも英国様のおかげだった。

台湾海峡がきな臭くなる中、沖縄の米軍がグアムへの撤収を始めた。

中国は第5世代のステルス戦闘機「殲35」を備えるが、対抗できる米軍のF22も沖縄常駐をやめた。

日本の主力機はまだ第4世代のF15のまま。後継のF35に入れ替わるのはかなり先になる。おまけにもう一つの主力機F2も寿命がきているが、米国は次期F2からも手を引くと言い出した。

日米安保だ何だと言ってては日本からカネだけ絞り取ってきた米国は旨みがなくなると出ていく。現代のタウンゼント・ハリスだ。

そんな時、英国が次期F2の開発を一緒にやろうと言ってきた。

日英同盟があって日露戦争に勝てた。米国が焼け野原にした戦後からの復興も英国のスマートな支援のおかげだった。

そして今。中国の脅威を撥ね返せるのは日英同盟だけかもしれない。


（二〇二三年二月九日号）

ボートピープルの成れの果て

サイゴンからカンボジア国境に向けて小一時間走るとチャンバンに着く。漢字表記をやめたベトナムでは「TRANG BANG」と書く。トランと書いてチャンと読む。

街の外れをタンクワン川が流れる。今から半世紀前、米軍機がその辺に数発のナパーム弾を投下した。

うち1発が逃げる少女キム・フックの左肩に当たった。幸い不発だったが、中身のナフサ樹脂が彼女の上半身に粘り付いた。

ピューリッツァー賞を受賞した「ナパーム弾の少女」のそこが現場で、彼女の兄は「川に下りて水をかけたら樹脂が燃え上がったので砂で消し止めた」と当時を語ってくれた。

上半身の火傷は深刻だった。16回もの手術で彼女はやっと命を取り留めた。

その翌年、米軍は撤退したものの南北ベトナムの戦いは続き、2年後、サイゴンが落ちて戦争は終わった。

ただ、それは仏印時代からフランス人の手先になってベトナム人の膏血を啜ってきた中国人追放の始まりの日でもあった。

キム一家も国外脱出を試みた。世に言うボートピープルだが、海に出た途端に同胞のはずの中国人海賊が襲ってきて身ぐるみ剝がしていった。

一家はチャンバンに戻り、ベトナム人の敵意を込めた視線の中で小さくなって暮らしてきた。

朝日新聞の「ナパーム弾の少女の50年」に彼女が「自由を求めてカナダに亡命」とあるのもそういう事情があったからだ。

ただ朝日はベトナムの中国人がなんで苛められるのか、その過去には一切触れないから何で亡命なのか、読んでもちっとも分からない。

キム一家と違って一財産を懐にまんまと脱出できた中国人は山といる。

彼らは香港や日本に辿り着くと多くが米国を目指した。そこには苦力《クーリー》の時代から棲みついた親戚がたくさんいたからだ。

ロスではドジャース球場の外れのモントレーパークに中国人向けの空き家が多数用意されていた。

ここは一昔前まで、知られた中華街だったが、住人はデルマーなど南に移って新しい中華街を作っていた。

米国にたどりついたボートピープルは喜んでそこに住みつき、ベトナム風の中国料理、例えば生春巻きを出した。

ロサンゼルスタイムズはそれを「今年最高の味」と紹介、旧中華街は新しい中国人を加えて賑わいを取り戻した。

先日の春節の折、その中華街で銃の乱射事件が起き、11人が殺された。

犯人は72歳の「フー・キャン・トラン」で、警官に追い詰められ自殺した。

トランはベトナム旧表記で「陳」。かつてのボートピープルの成れの果てだった。

しかし新聞はその表記に幻惑されたのか、朝日は犯人の出自を不明にして「暴力とは程遠い場所のはずだったのに」という中華街住人の声を載せる。

素直に読めば黒人も白人警官もいない中国人だけの街は凶悪犯罪とは無縁ですと言っている。

それはどうか。トランは歴とした中国人だし、その直後に同じカリフォルニア州ハーフムーンベイでも同じ年頃の中国人が7人を射殺して捕まっている。

同州ではその前後に4件の乱射事件があったが、その半分は中国人の犯行だ。

日本では鄧小平の改革開放で中国人が入ってくると、途端に上海マフィアが新宿歌舞伎町を牛耳った。

その後は上海と福建マフィアが争い、風林会館隣の中華料理屋で上海マフィアが3人を叩き切る青龍刀事件が起きている。

その他ピッキングやATM丸ごと強奪など中国人らしい犯罪が続発した。

同じ中国人が米国では犯罪とは無縁のいい市民であるはずもない。

現にこちらがロス特派員時代、ガーデングローブのファミレスで歌舞伎町とそっくりの殺し合いがあって5人が死んだ。

店には多くの客がいたが、みな「トイレに行っていた」と証言を拒否したと、これはアジア特捜班のジミー佐古田の話だ。

新聞は話を作っちゃあいけない。まして中国人をいい人のように飾り立ててはいけない。

（二〇二三年二月十六日号）

性教育は教室より廓で

森鷗外は春画の何かを10歳にして知っていたと『ヰタ・セクスアリス』に書いている。こちらは戦後の食糧事情もあって中学に入ったときまで知らなかった。そのころの話題は隣の組の女の子が「ニンシンしソウハした」ことだが、その意味が分からなかった。

分かっていたのは六本木交差点角の時計屋の息子だけで、彼は近くの誠志堂古書店に連れていって古雑誌の中から『夫婦生活』を引っ張り出し、これで勉強しろと言った。それが我がヰタ・セクスアリスの初日だった。

高校に進むと廓とか筆おろしとか、もっと生々しい新語を教えられた。興奮したけれど遅かった。実はその年に売春防止法が施行されて廓は消滅した。言い知れぬ虚脱感に襲われたものだ。

後知恵になるが廓は日本独特の文化を育み、娼妓は社会的地位も与えられていた。

独特の廓言葉も生まれて「独りよがり」は卑猥さを超えて今も使われている。廓が消え、筆おろしは死語になり、街は寂れ、娯楽は韓国人経営のパチンコ屋に持っていかれた。性犯罪だけが増えた。

廓の灯が消えて10年経ったころ、新聞記者になっていた。サツ回りの傍ら旧色街を歩いてもみた。洲崎、玉ノ井にはまだ面影が残っていたが、吉原は大木戸も取り払われ、特殊浴場という湯女の街に変わっていた。

錦糸町駅前には遊郭「花壇街」ができていたが、売防法成立で営業する間もなく消えていった。

こちらが高校の春に味わった挫折感をこの街も共有していたことにちょっぴり感慨を覚えたものだ。

そんなわけで結局、廓も知らず、目くるめく官能が何かも知らないまま成人したから、異性そのものが神秘のままだった。そんな年頃を社会は結婚適齢期と呼んだ。あの謎めいた世界へと誘う道筋が結婚だったのだ。

先日の産経新聞によると１９８０年当時、50歳男女のそれぞれ97％、95％が結婚していたとある。あのころは結婚するのが当たり前だった。

ところが今はそれが72％、82％まで落ちた。

つまり10人中3人近くが結婚を忌避しているという。

別の統計では結婚しない理由は「夢がない」「面倒くさい」だという。

神秘と憧憬に包まれた結婚がなぜ夢でなくなり、ネガティブな存在になったのか。

ヒントになりそうな話を山谷えり子参院議員が国会質問している。

今、小学校ではリアルな性器をつけた人形を使って男女のまぐあいの仕方を教えているというのだ。

人形劇が終わると性器を「ワギナ」「ペニス」と呼ぶ歌の合唱が始まる。

中学はもっと酷い。

「お互いコンドームを装着させる訓練」をやらせる。衆道の先達、空海だってそこまではしなかった。

高学年では避妊の方法も指導する。

ピルがいいか、膣外射精がいいか、それぞれのよさを討論させるという。

性教育の現場を視察した都議会議員は「まるでアダルトショップだ」（産経新聞）と語ったというが、正直な感想だと思う。

対して教える側は「無知による不慮の事態から守るため」と言う。

不純異性交遊を勧め、衆道の道まで誘っておいてまだ教育者ヅラをする。

志位和夫の共産党にとっては忠も孝も家族も壊したい対象だ。それにはセックスとヤクを使えとマルクーゼは言っている。

目下の性教育はその実践だろうが、性に目覚めてもいない児童には性行為人形などひたすらグロテスクにしか映らない。

やっと目覚めても今度は「膣外射精」討論では健全な性欲も減退する。

こんな「キタ・セクスアリス」では結婚も薔薇色には見えないのだろう。「面倒くさい」と考えたっておかしくはない。

麻生太郎は晩婚が少子化の原因と言った。晩婚も結婚に臆病になったか、面倒くさくなったかの結果で、その原因も今の性教育にある。

それを廃せば少子化など消えてなくなる。ついでに廓の復活も考えてほしい。

（二〇二三年二月二十三日号）

記者の顔をした輩の手口

米占領地、沖縄が間もなく返還されようという昭和47年春。

先日、物故した社会党の横路孝弘が国会質問に立って「400万ドル闇金が米国に支払われた」とそれを示す密約文書を振りかざして政府を糺した。

実際は占領を解く謝礼金で、有体に言えば沖縄買取り金の一部だった。

世間も佐藤栄作も吃驚はしたが、ただ横路だってアルザスロレーヌくらいは知っていたと思う。

仏領時代はロレーヌと呼んだ領土は独が取るとロートリンゲンになる歴史を4度も繰り返してきた。戦争で取られた領土は戦争でしか取り返せないものなのだ。

沖縄も同じ。取り返すなら米国とまた一戦交えねばならない。

それを僅かなカネで買い戻すのに成功した。

背景には島民4人に一人が米軍に虐殺された深い傷跡があった。

だから島民は「ハワイより素晴らしい沖縄にする」（ポール・キャラウェー）ための都市計画も医療福祉も徹底して反発した。

米国民にすると言えば大方の民は泣いて喜ぶ。

喜ばない沖縄の民に米国は呆れ、手こずり、ついには戦もしないで返還につながった。横路はそれが分からなかった。

一方、栄作は怒った。誰が外交文書を盗み、領土買戻しの偉業を汚したのか。

社会党はあれで口が軽い。すぐに毎日新聞西山太吉の名が出てきた。

手口もバレた。太吉は外務省女性事務官と懇ろになって彼女に文書のコピーを持ち出させていた。

女を口説いてネタを取るのは一概に悪いとは言えない。問題はその先だ。

太吉は特ダネを取りながらなぜか書かなかった。

何週間も寝かせてから横路の許に持ち込んだ。それで栄作を政権の座から引き摺り下ろそうとしたのは一目瞭然だった。

太吉は記者の肩書を使って政局を作ろうとした。毎日新聞が太吉擁護に言い立てた「国民の知る権利」はまったく的外れだった。だって記事にもしなかった。

おまけに太吉はネタ元の女性事務官の名を隠しもしなかった。酷い話だ。

この事件の二昔前、売春汚職があった。廓を閉じる売春防止法阻止のために業者が自民党議員にカネをばらまいた。

折しも検察内部では馬場派と岸本派が対立していた。岸本派の伊藤栄樹が「宇都宮徳馬を引っ張る」とガセネタを撒いた。

馬場派の河井信太郎がそれを読売の立松和博記者に漏らし、読売はガセとは知らず派手に報じた。

検察は立松を逮捕し、馬場派からのリークを自供させようとした。立松は頑としてネタ元を明かさず、のちに自殺した。

太吉にはそんな記者の倫理はなかった。外務省の女の名をすぐ下呂って女はすぐ逮捕された。

太吉は女を酒で酔わせて犯し、その弱みに付け込んで文書を持ち出させていたことを明かした。

太吉は情交後、埼玉に帰る女に500円札を渡したという。それで駅までタクシーで行って地下鉄で帰れという意味だった。

太吉は記者でもない、ただのケチな男だった。

毎日新聞にはホントに碌な記者がいない。例えば浅海一男だ。この男は中国戦線で「向井、野田両少尉が百人斬りを競った」という与太記事を書いた。

二人は戦後、それで戦犯とされ、処刑された。決め手は浅海が「記事は事実」と嘘を繰り返したからだ。

浅海は偽証の謝礼に廖承志から永住権と北京の豪邸を貰った。

先日、首相秘書官が非公式会見で同性婚を素直に気持ち悪いと語った。

この種の会見ではメモすら禁止だ。書いても「官邸筋」とかぼかす。

だからルールを弁《わきま》えない外人記者は入れない。

そんな場で本人が「オフレコ」と言ったら「何も書かない」のが約束だ。

しかしそこに毎日の記者がいた。秘書官に鎌をかけ、乗せて語らせ、ばっさり実名で報道した。

他紙も「言ってはならぬこと」とか後追いしたが毎日に倣ってはならない。

毎日にはまともな記者などいないのだから。

（二〇二三年三月二日号）

第四章　誤情報より醜悪な事実

大学教授襲撃で語られない「動機」

政府は北京・中南海辺りの敵基地だって叩ける足の長い巡航ミサイルを400基も買い込んだ。

それを聞いて天声人語が「だいたい敵基地攻撃は違憲じゃないか」と中国人みたいに批判してきた。

確かに鳩山一郎は「座して自滅を待てとまで（米国製）憲法は求めてはいないはず」と言った。

でも「他に手段がない場合だけ」という条件も鳩山は付けていた。

「他の手段」とは国連とか日米安保とかを指すと天声人語は言う。

そして国連は今ちゃんと「存在」し、日米安保も有効で「5万超の在日米軍がでんといる」。

だから巡航ミサイルを持つのは「鳩山見解にも合致しない」と持っていく。

尤もらしい。ただ、そこに導いていく反論材料が実にいかがわしい。

例えば「国連は存在する」と言うが「国連が機能する」とは言ってない。

仮に中国が日本を攻めてきたとしよう。日本は国連にその非道を訴え、国連軍がすぐ中国を叩くかというとそうはならない。

なぜなら中国はあれで国連安保理の常任理事国なのだ。中国を成敗する議案など即座に拒否権で潰す。ロシアのウクライナ侵攻と同じ展開になる。

天声人語はそれを知っているから国連は「存在する」と書く。これなら嘘にならないからだ。

「日米安保」もいかがわしい。同じ朝日がその少し前の紙面で「米海兵隊グアムに新基地」「沖縄の4千人移転」と報じた。

米軍は今、沖縄からどんどん逃げ出している。中国の「殲20」に敵う米軍の「F22」は常駐すらやめた。

「でんと5万超の在日米軍が」とはよく言う。

中国の走狗、朝日新聞には日本の敵基地攻撃能力は絶対に許せない。こういう風に尤もらしく書けば馬鹿な日本人を騙せると思っている。

都立大教授、宮台真司が大学構内で襲われた事件の報道はもっといかがわしい。

あの事件はイスラム狂信者による五十嵐一筑波大助教授殺しに構図が似る。朝日はそれに準《なぞら》えて「宮台の発信」が特定の集団を怒らせ、その指令で暗殺犯が動いたと仄めかす。

そのくせ宮台が何者なのか、どんな発言をしたのかは一向に書こうとしない。伏せたまま深刻がる。

事件から2カ月経って襲った犯人が自殺していたことが判った。これで一件落着と思ったら違った。

宮台は「まだ動機が分からない」と不安を語り「表現者は何に気をつければいいのか」と怯える。

表現者とは大きく出たものだが、朝日も調子を合わせて「不安解消へ動機解明を」と社説で書く。

犯人は死んだが、まだ裏がある。それは五十嵐助教授と同じに「宮台の主張」に反発する組織が確実にあって、再び彼を狙う可能性があると言いたいらしい。

それでも宮台の主張が何かは隠し続ける。

しょうがないからこっちで調べたら宮台は安倍元首相を腐すことで知られた学者だった。

元首相の国葬の前夜にあった暗殺犯、山上徹也をモデルにした映画の試写会に出て自分が東大出なのを自慢し、私学出身の元首相を愚弄し、「美しい日本」まで批判した。「日本はしょぼい国だ」とも言った。山上が元首相を暗殺して「やっと世直しが始まった」とも。なぜ朝日が直接引用を憚ったのか理解できる悪態を並べたてた男だ。

それを会場にいた望月衣塑子らがやんやと囃す。人の死の尊厳を貶め腐すことが崇高な思想だと思っている。

それでなお宮台は「襲われた動機が分からない」と言う。表現者の割には理解力がない。ヘンな逃げを打つ前に少しは考えた方がいい。

朝日はもっと悪い。

安倍元首相を信奉する者はみなイスラム狂信者と同じで、宮台のようなか弱くとも真面目に信念を語る者を暴力で潰そうとしている風に誘導する。

そうした盛り上げ方はモリカケの捏造報道を思い出させる。疑惑を拵えてはそれを積み重ね、ついには鬼籍に入った人にまで泥を塗ろうとする。

ここまでくるといかがわしさを通り越して鞭屍三百の伍子胥《ごししょ》に見えてくる。

（二〇二三年三月九日号）

米国人が震えた大陸間弾道風船

天気は女心より変わり易い。さっきまで微笑んでいたのに突如咆哮する。大正時代の末、急変する天気のせいで漁船遭難が相次いだ。なんとか予知できないものかと筑波山に特別な気象台が設けられた。

初代台長の大石和三郎は荒れる原因は女と同じに見かけのずっと奥、大気で言えば富士山の倍以上の高層にあると見た。

それで3年間、高層の観測気球を毎日上げてはデータを集めた。

それまでは対流圏の上は空気が薄く、気流もないから無風と思われていたが、観測結果は意外だった。

高度7000メートルで秒速40メートルの西風が観測され、1万メートルまで上がるとそれが秒速70メートルにも達していた。

強い西風の帯は季節に関係なく観測され、日本上空からアッツ島を越えて米本土に達していた。

大石の発見はそれから20年後、戦略的な意義が再確認された。

折しも米軍の本土爆撃が始まっていた。まず那覇市街が無差別爆撃で破壊され、続いて本土のほとんどの都市が焼夷弾で焼かれた。東京・下町では一晩で10万人が焼き殺された。

残忍な米軍に一矢を報いたいが、米本土に届く爆撃機など一機もなかった。

ならば大石が見つけた強風帯を利用できないか。

陸軍登戸研究所は和紙と蒟蒻糊で直径10メートルの風船を作れば30キロ爆弾を7700キロ先の米本土まで運べると試算した。

かくて昭和19年11月初め、千葉・一宮海岸などから風船爆弾が放出され、その数は翌春までに計9300発に達した。

成層圏で強風帯に乗ると早ければ50時間で米本土に到達する。実際、オレゴン州から遠くミシガン州まで約300発の風船爆弾が降ってきて、搭載した焼夷弾や爆弾がそれなりの戦果をあげたことが戦後、確認されている。

しかし米側は「山火事がちらほら、民間人死傷も少々ありましたが米市民はちっとも動揺しませんでした」風に今も伝えている。

実際、日本が確認した米紙報道は一度限りだった。

しかし、それは嘘だった。日本人が未知の成層圏強風帯を使って米本土に爆弾を降らせたことに米政府は心から恐怖した。

積載量はたった30キロだが、それを炭疽菌など生物兵器にして都市上空で撒き散らせばどうなるか。

米政府は直ちに箝口令を敷き、報道も止めた。

同時に細菌学者4000人を招集し、次々に舞い降りる風船爆弾の現場に派遣した。白い防護服と防毒マスクに身を固めた集団が米国中を走り回った。

そんな景色を市民は目撃する。

「天から炭疽菌が降ってくる」「日本人が飛ばしている」。噂はあっという間に広まっていった。

米紙は日本人が残忍な野蛮人と宣伝してきた。炭疽菌搭載は彼らならやるだろう。

市民は音もなく降ってくる炭疽菌の恐怖にパニクり、不眠症に陥った。

それがいかに深刻だったか。昭和23年、皇居お堀端のＧＨＱ本部に本国から赴任したスタッフが近くの日劇に上がるアドバルーンを見て腰を抜かした。炭疽菌爆弾だ。

総司令部は日劇にバルーン撤去を命じた。この命令はＧＨＱが出ていく日まで続いた。

日本人は成層圏のジェット気流を見つけ、蒟蒻糊と和紙を材料に格安の大陸間弾道弾を飛ばした。ＩＣＢＭの先祖に当たる。

それで米市民に空襲の恐怖を擬似体験させた。炭疽菌でもよかったが日本人はそれをやらないモラルを持ち合わせていた。

それから70年。中国が日本のそれを真似てスパイ気球をジェット気流に乗せて米国に送り込んだ。

中国は観測気球だとかとぼけたが、米側はまなじりを決して撃ち落とした。

米側のヒステリックなまでの反応は中国人の予想を超えていた。

それも当たり前で、米市民にはかつての悪夢がまだこびりついている。おまけに中国製の搭載量は1トン。

中国人なら平気で1トンの炭疽菌をばら撒くと思っているからだ。

（二〇二三年三月十六日号）

「独逸は反省している」と言うけれど

独逸は反省しているのに日本はちっとも反省していないとかビル・エモットが偉そうに言った。

西独首相ウイリー・ブラントがユダヤ人40万を殺したワルシャワゲットー跡に行って跪《ひざまず》いた。「福田康夫も南京に行って頭を下げろ」とこの英ジャーナリストは罵りもした。

福田康夫は愚かだから本気で南京に行きかねなかった。

しかし南京大虐殺は米国が拵《こしら》えたフェイクだ。骨一本出ていない。対してワルシャワで独がやった蛮行は隠れもない真実だ。

実はナチどもはユダヤ人だけではなくスラブ人、とくにポーランド人を嫌って虐待し、殺しまくった。

ポーランドを制圧すると中学生以上の生徒まで独に送ってクルップやワーゲンの工場で働かせた。

小学生は自分の名を書け、５００まで数えられるようにしてから働き手に付け加えた。その総数は１５０万人に達した。

そんな非道をやりながら独政府は戦後、謝罪も賠償もしてこなかった。

日本は英植民地の民にまで賠償している。ビル・エモットは何ゆえに独が日本より立派と言うのか。

独の無責任を糺す声は米在住のユダヤ人の間でも起きていた。

弁護士大統領ビル・クリントンがそこで動いた。

米には「外国人が外国でやった犯罪でも、外国人が米国内で事業をしていたら訴えられる」外国人不法行為請求権法（ＡＴＳ）がある。

これなら個人でも強制労働をさせた独企業を訴えられる。

クリントンはいい弁護士も紹介した。ロスのバリー・フィッシャーだ。

かくて米に支社を持つワーゲンなどに戦時中の強制労働や虐待の賠償を求める訴訟が山と起こされた。

戦争賠償は三十年戦争のウェストファリア条約で国家が行うことにし、個人や企業からカネをふんだくる私掠は禁じられた。

しかしクリントンはその私掠を復活させ、企業からカネを取る道を開いた。

独首相シュレーダーは他国の主権に属する法の管轄権を侵す訴訟を非難したが、だからと言って独企業を米市場から撤退させるわけにもいかない。

涙を呑んで独政府と独企業が25億ドルずつ拠出して「記憶責任未来」基金を置き、ユダヤ人やポーランド人など166万人に賠償金を支払った。一人40万円ほどになるか。

これで儲けたバリー・フィッシャーは枢軸国日本の企業からも同じようにカネが取れると考えた。それでカリフォルニア州議会を動かしてヘイデン法を作らせた。

日本軍の捕虜になった米将兵らが訴えれば、新日鉄など日本企業20社から100兆円は取れるはずだった。

しかしクリントンが退陣した後、米連邦高裁はヘイデン法を違憲と判断、日本企業は助かった。

では、とバリーは中国や韓国の焚きつけにかかった。

中国は孫文の昔から詐欺師の国だ。すぐ抗日戦争史実維護連合会が話に乗った。

どういうツテか岡本行夫を抱き込んで三菱マテリアルに中国人を強制労働させた償いとして25億円を払わせるのに成功した。

故人を悪くは言いたくないが、岡本はコトの重大さがまったく分かっていなかった。呆れた男だ。

バリーは次に韓国に飛んだ。韓国は「違法な植民地支配」とか因縁をつけて5億ドルをたかったのを皮切りに「漢江の奇跡」を作らせるなど日本政府から取れるだけ取ってきた。もうたかる口実もなくなった時期だ。今度は民間企業から直に取れると聞かされて飛びついた。

話は簡単だ。戦前、勝手に日本に働きに行った朝鮮人すべてを強制労働させられたことにして韓国版の「記憶責任未来」基金を作る。

独を手本にし日本企業から1兆円くらいは出してもらおうか。

しかし安倍元首相のおかげもある。日本人は「約束を破る韓国人」にとっくに愛想を尽かしていた。

尹大統領は「基金は韓国側が肩代わりするから」と言う。民間から取り立てる糸口は逃せない。

でも日本人は学んだ。もはや「中国朝鮮に伍して」いく気は毛頭ない。

（二〇二三年三月二十三日号）

マッカーサー手術の後遺症

そのチンパンジーはすぐ暴れ、噛みつき、おしっこを引っかけた。

手に負えないから試しに猿の前頭葉を少し切除してみた。途端に猿は大人しくなった。

いやいや「大人しくなった」ではなく猿知恵も失って「無気力になった」のではないかと疑う声もあった。

しかし精神疾患の治療に行き詰っていた米医学界がこれに飛びついた。

精神科医アントニオ・モニスは統合失調症患者の前頭葉の一部を切除《ロボトミー》してみたら20例中７例で改善が見られた。30％を超える有効性だった。

彼はその功で１９４９年のノーベル医学賞を貰った。

米医学界はこの脳味噌切りに興奮してその時期、実に４万人の脳を切った。

ジョン・Ｆ・ケネディの妹ローズマリーも実はその一人だった。

明るく活発な少女は活発過ぎて、23歳の時にホンの少し淑やかになるための治療を強いられた。結果、事実上の廃人になった。

こんな乱暴な手術に飛びつく米国人は日本人の目には狂暴なチンパンジーに見えるが、マッカーサーは逆に日本人こそ黄色いチンパンジーだと見下していた。

しかし黄色い猿は白人しか作れないはずの飛行機を簡単に作って飛ばした。

先の戦争直前には「航研機」が1万1000キロの滞空飛行記録を樹立した。大戦中にも「A26」が1・5倍を飛ぶ大記録を立てた。

また毎日新聞社機「ニッポン号」が世界一周飛行を成功させ、寄港した米国などで大歓迎を受けた。

そして零戦だ。米軍事評論家フレッチャー・プラットは「日本人は近眼のうえに三半規管が異常で急降下もできない」「日本製の飛行機は玩具だ」と評した。

ところが日米が開戦してすぐにルソン島上空で米重爆撃機B17があっけなく零戦に撃墜された。

欧州戦線では独新鋭機ハインケルですら歯が立たない。逆に最新鋭戦闘機を撃ち落としてきた怪物重爆だ。それが日本機に手もなく撃墜された。

何かの間違いではと思ったら、ニューギニアで5機編隊のB17が零戦9機にみな撃ち落とされてしまった。

さんざ苦しめられて、戦い済んで、マッカーサーは「飛行機を飛ばすチンパンジーども」の無力化を真剣に考えた。同時代にあったローズマリーの症例はいい参考になった。

彼は日本人の脳味噌から「飛行機」の三文字を切り取る総司令部指令三〇一号を発して飛行機に関わる全てを禁じた。

日本人は飛行機を持たず、飛ばさず、作らせず。飛行機製造に関わる下請け企業まですべて廃業させた。

航空力学の研究も教育も禁じられ、飛行機は少年雑誌に載る小松崎茂の挿絵にしか存在しなくなった。

米軍を恐怖させた零戦も彗星も残存機すべてが破壊され焼却された。

栄光の「ニッポン号」も押収されて破壊された。

羽田に保存されていた「航研機」もぶち壊されてから羽田飛行場内にあった鴨池に放り込まれた。

もう一つの世界記録機「A26」は米国に持ち帰る途中の太平洋のただ中で海中に投棄された。

日本の技術の粋をわざわざ粗大ゴミのように扱う。白いチンパンジー・マッカーサーらしい憂さ晴らしの仕方だった。

航空禁止令は丸7年で終わったが、この空白は予想外に大きかった。日本人はもう零戦を飛ばしたことも忘れていた。日航が発足したが、飛ばす飛行機はみな米国製だった。日本で作ろうにも部品を作る技術陣も消えていたし、ジェット化に追いつく設計者もいなかった。

でもYS11を作ったじゃないかという。

あれは零戦を設計した堀越二郎ら生き残りの戦前派が設計図を引いた。

しかしエンジンはロールスロイス社製、プロペラはダウティロートル社製。機体も米アルコア社製。日本製の部品は何もなかった。

戦後70年。零戦を生んだ三菱がジェット旅客機を作ったが、米国の型式証明すら取れなかった。

朝日新聞は「技術の過信」とか馬鹿を書く。

それは違う。マッカーサーが施した民族丸ごと脳手術の傷は70年経っても治せなかったということだ。

（二〇二三年三月三十日号）

地震学者たちの曲学阿世

日本の地震学はかなり進んでいる。

それはそうだ。日本列島の下で太平洋プレートとユーラシアプレートがぶつかり、その間にフィリピン海プレートと北米プレートが割り込んでいる。

伊豆半島は偉そうに日本の一部みたいな顔をしているが、もともとはフィリピン海プレートに乗った島で、それが日本列島の横腹にぶつかってきた。

ために真っ直ぐだった日本列島はあの辺で折れ、隙間からマグマが噴き出してあの美しい富士山ができた。

伊豆半島の罪はそれで許されたが、ともかく四つのプレートが日本の下で犇《ひし》めき合い、年がら年中、地震を起こしてきた。

日本で地震研究が進むのは当たり前だが、ただ毎年何百億円の予算を食う割に成果は乏しい。3・11も読めなかったし熊本地震は読んでもいなかった。

なぜなら研究者の質が悪い。地震の権威は東大地震研の佐藤比呂志だが、彼は武蔵野に埋まっていたコンクリート製の電信柱を活断層と読んで東京大震災がくると大騒ぎした。

そんなお粗末な地震屋がなぜか原発の命運を握る原子力規制委を仕切る。

規制委は性悪の菅直人が作った。3・11の被災者が飢えと寒さに震えているときにこの男は焼き肉屋と寿司屋と洋食屋を3軒もはしごしていたと産経の阿比留瑠比が報告している。

お相伴はイタリアのテロリスト兼特派員のピオ・デミリア。実はこのイタリアのテロリストが菅に原発廃止を吹き込んだ。

原子力規制委も作らせて原発が二度と動かせない仕組みも作らせた。

規制委は原子力村では除け者の原研出身者が中心で、それに島崎邦彦らダメな地震屋が加わった。

因みに東電福島の事故では地震被害はまったくといっていいほどなかった。

原因は津波で、設計した米GE社がその被害をまったく想定してもいなかった。

しかし規制委はGE社も喚問せず、原発の下を走る断層だけを問題視した。

今の原発は5万年前から動いたのを活断層とし、それを避けて建てられた。

ところが地震屋は「それでは不十分」で「13万年前から」に変えた。

それで問題あれば廃炉とし、クリアすると「40万年前から」（島崎邦彦）に変更した。日本列島がまだ半分一つの島だったころだ。

なんで40万年か根拠を尋ねても「俺たちは政府も文句を言えない三条委だ」と開き直る。で、規制委の名で勝手に診断して例えば原電の敦賀2号炉は「その下に活断層がある」と廃炉を決定されてしまった。

北電泊原発も13万年前までという新基準を満たしたが、規制委は「海の底まで調べて40万年前まで疎明しろ」と命じてくる。

かぐや姫だってそんな無理は言わない。

北陸電力も石川県志賀町の2号炉について13万年前まで地質を再調査した。

1兆円の原子炉を因縁で潰されたくなかったからだ。

疎明データは「2号炉の下に活断層なし」を示したが、規制委の地震屋は「典型的な活断層が見えた」と真逆を言い、規制委もそれで廃炉を宣言した。

北陸電力は抗った。今度は馬鹿にでも分かるように規制委の言う「活断層」を直線で横切る鉱物脈に色をつけ、13万年前から直線のままなことを示した。断層が動けば横切る鉱物脈もずれるからだ。

これを見せられて規制委も渋々安全を認めた。ここまで12年間、炉を停め、膨大な調査費もかかった。

ただすぐには稼働できない。なぜなら規制委の嫌がらせは際限ないからだ。米国の9・11テロでは200トンの飛行機がビルに突っ込んだ。「原発建屋にそれが突っ込んでも炉心溶融を起こさないようにしろ」が規制委の次に用意した難題だ。それは優れて国防の問題だが、権力にのぼせた規制委には聞く耳がない。人は権力を持つと途端に悪さをする。辻元清美は衆院議員になった途端2000万円公金詐欺をやった。

己が無能を知らない規制委はもっとコワい。日本を潰しかねない。

（二〇一三年四月六日号）

日本国憲法「出生の秘密」

日本の憲法は出生の秘密があまりに多い。

バイデンは「日本が核を持たないように米国があの憲法を書いた」と米国生まれを語っている。

「いやいやあれはGHQのアドバイスに日本人が乗っただけ、日本人が生みの親だ」とマッカーサーは回顧録に書いている。

戦力放棄という戯言《たわごと》も「昭和21年1月、幣原喜重郎がGHQにきてそれを私に語った」「私は感動して彼の手を握って泣いた」と尤もらしく綴る。

ただ幣原はずっと米国に媚びてきた男だ。ワシントン条約では米国の思惑に従って日英同盟を破棄し、日本の孤立を招いた。

ひっぱたかないと分からない中国にも米国に遠慮して軟弱外交で臨み、邦人が多数殺された。

「英語上手」が唯一の自慢で、だから英語を喋る米国人を神と敬った。

新憲法もマッカーサーの思いを忖度して「9条提案者」になり切った。ここまで日本に仇なした政治家を他に知らない。

幣原はマッカーサーの許には頻繁に通っても天皇陛下に憲法改正、戦力放棄を上奏した記録はない。

それに改憲の手続きも法的におかしい。

「そこは問題ない」と憲法学者の長谷部恭男は言う。「なぜなら憲法改正案が公開され、その後の総選挙で選ばれた議員が審議して制定されたから」という。改憲は民意だったと。

しかし長谷部はその総選挙が合法だったかどうかは言わない。

GHQは従来の中選挙区制を大選挙区から小選挙区まで選挙区割りを勝手に引き直した。日本版ゲリマンダーだった。

候補者もGHQが決めた。まず有力な政治家や有識者など人材20万人を公職追放し、候補者から外した。

今の日本でも上から20万人を外したらガーシーだって残らない。

GHQはその穴を例えば獄中にいた徳田球一ら共産党員らで埋めた。

知能遅滞児の中絶、断種を主張する加藤シヅエも「進駐軍の偉い将軍がいらして」立候補した一人だと自伝に書いている。

彼女らＧＨＱ推薦組は変形選挙区のおかげでみな当選した。あの総選挙が決して公正ではなかったことをその事実が証明している。

それに今の憲法は前文の日本語も日本語じゃないし、おかしなことばかり。

それを国会が70年間、検証も審査もしてこなかったのはもっとおかしい。

それで遅ればせながら衆院憲法審査会が毎週開かれるようになった。

国民感情からすれば毎日やってもおかしくないと思っていたら立憲民主党の小西洋之が「毎週はやりすぎだ、何も考えないサルと同じだ」と言った。

際限ない猿の自慰行為を暗喩しているみたいで言葉に品がない。

この男は東大出で憲法学者を名乗る。かつて安倍首相に「芦部信喜を知っているか」と問うた。

芦部は宮沢俊義の一番弟子だ。師の宮沢はＧＨＱが米国製憲法を押し付けてきたときに東大法学部教授として何か言わねばならなかった。

しかし明かに違法と事実を言えばパージされる。で、「気づいたら国民主権になっていた」という八月革命説を唱え、ＧＨＱ憲法を正当化した。おかげで貴族院議員にしてもらえた。

芦部も師に倣って憲法学は須《すべか》らく米国憲法にあるべしとまで言った。

安倍晋三がそんな幇間学者を知るわけもない。小西は「東大憲法学の泰斗を知らずに憲法を語っていいのか」と嵩に懸かった。

しかし三権分立もなければ事後法も勝手、黒人奴隷も許してきた国の憲法がどう素晴らしいのか。傍目には東大の権威を振りかざす鼻持ちならぬ男としか見えない。

そんな空論で国会を空転させた挙句、今度は「総務省内の郵政派と自治省派の争い」(高橋洋一)から発したいい加減な公文書でまた国会審議を紛糾させた。

ずっと小西の肩を持ってきた朝日も些《いささ》か疲れたのか。この騒ぎの中、経済同友会の樋口麻紀子に「良識の府、果たせぬなら」と題して参院を廃止して一院制にという提言を載せた。

潰せば経費削減になるし審議も捗る。これも小西議員のおかげになるか。

(二〇二三年四月十三日号)

やっぱりサダム・フセインは偉かった

21世紀はいきなりイスラム教狂信者による9・11テロで始まった。

米大統領はブッシュ息子だった。元テキサス州知事。日本の学習指導要領と共通テストをこっそり真似てテキサス州を全米一の教育州にし、そのおかげで大統領になれた男だ。

ただ彼自身の習熟度は低いみたいで、すぐ報復にアフガンを叩いたのはいいとして、その次はイラクのサダム・フセインを叩くと言い出した。

テロの首魁ビン・ラディンと実行犯はほぼサウジ出身者だった。サダムはテロには一切関係なかった。

そう言われると「サダムは大量破壊兵器を持っているから」とか言う。

難癖にしか見えなかった。いい機会だからサダムをついでにやっちまえと思っているみたいだった。

サダムはその昔、英国が独占していたイラク石油を国有化し、収益を教育に充てた。

イスラムは女を家に閉じ込めたが、サダムは女に教育とチャドルを脱ぐ権利を与えた。ユネスコはサダムの女性解放を高く評価して顕彰もしている。

彼自身もイスラムの戒律を嫌って「ポートワインと豚のスペアリブを好んだ」とコン・コクリン『サダム』にある。

彼の右腕タリク・アジズは正真正銘のキリスト教徒で、サダムのどこを見ても宗教臭さはなかった。

しかしブッシュは大量破壊兵器疑惑に加えてサダムを「シーア派を虐殺するスンニ派狂信者」と米紙に書かせた。

「シーア派はイスラムを無視するサダムに11回も暗殺を仕掛けた。それで報復された。宗教上の諍《いさか》いはない」と自分も死刑を宣告されたタリク・アジズは証言している。

ブッシュはそれを無視して英国と組んでイラク戦争を吹っ掛け、サダムは米軍に捕らえられた。

米軍はその身柄をシーア派のマリキ政権に引き渡し、マリキはすぐ死刑を宣して30分後にはサダムを吊るした。送る言葉は「地獄に落ちろ」だった。

欧米の横暴に立ち向かい、アラブ民族の自覚を訴えたサダムは身に覚えのない「偏狭な宗教独裁者」に仕立てられ、殺されていった。

イラク戦争にはもう一つ「醜悪な事実があった」とニューヨーク・タイムズが２０１４年に報じた。

それによるとイラク制圧後、一個中隊が埋蔵された化学兵器の処理を命ぜられたが、作業中に80人余が漏出した毒ガスで受傷した。

しかし米政府はそれを隠し、負傷兵へのパープルハート勲章も傷病年金も支給しなかった。

この報道を受けて米政府は１９８０年代のイ・イ戦争の折に当事国に軍事物資を与えて戦争を長びかせ、疲弊させる工作を行ったことを渋々認めた。

国交断絶状態のイランに裏口から大量の最新兵器を供与し、イラクには毒ガス製造プラントを与えていたのだ。

結果、両国は停戦の機会を失い、８年間も戦争を続ける羽目に陥った。

その時期、こちらはテヘラン特派員だった。南部戦場アフワズを訪れたとき、野戦病院でイペリットを浴びた将兵が多数苦しんでいるのを確かに見ている。

９・11テロを口実にしたイラク戦争は実は悪質な米国の裏工作の証拠を湮滅する目的もあったのだ。

あれから20年となるこの春、各紙はあの戦争を振り返って「独裁者サダムを排除したのは評価できる」（朝日新聞）と変わらぬ見当違いを書く。

そして「口実とした大量破壊兵器はなかった」ことを偉そうに指摘して「誤情報に振り回されたことを教訓としろ」とか締めていた。

新聞は何を見ていたのか。欧米の中東政策は一貫している。「中東に英雄はいらない。混乱を続け、石油だけをきちんと出していればいい」に尽きる。

振り返れば中東の団結を訴えたパーレビ皇帝は追われ、イランは今も混迷の中だ。サダムが潰されたあとのイラクも右に同じ。

米国が仕掛けた中東の民主化「アラブの春」ではカダフィもベン・アリもムバラクも潰され、リビアもチュニジアもエジプトも未だに混乱したままだ。

今、誰が高笑いしているのか。新聞は報じない。というか、見えていない？

（二〇一三年四月二十日号）

日本人の余計な口出し

黒人のスーパーヒーローO・J・シンプソンが別れた白人妻ニコルとその男友達を殺した。執拗で残虐で。ニコルの首は皮一枚で繫がっていたと言われる。

証拠も山とあったが、評決はまさかの無罪だった。

それがロス地裁前に集まった群衆に伝えられた瞬間をこちらは目撃した。

黒人たちから歓声が上がり、拳が突き上げられ、誰かが「正義が勝った」と叫んだ。それが何度も何度も繰り返された。

白人たちは沈黙した。誰かが「正義は死んだ」と言った。みな黙って頷き、ただ落ち込んでいた。

確かに清教徒以来の歴史を見れば白人は好きにやりすぎた。

『白鯨』を書いたハーマン・メルヴィルは「我々は現代のイスラエルびとだ」と言った。

神の与えた地カナンに立ったイスラエルびとは先住のペリシテびとやミディアンびとを皆

殺しにしてユダヤ人の国をつくった。

清教徒もまた同じに振舞った。先住のインディアンを殺し土地を奪った。それを「神の御心」だとメルヴィルは言う。

黒人奴隷も買った。彼らを鞭打って開拓させた。

初代大統領ワシントンは歯が悪かった。彼は所有する黒人奴隷からいい歯を抜いて5つの総入れ歯を作った。

第三代ジェファーソンは女奴隷を入れて繁殖させ、国産の奴隷を売った。

酷いことをしてきた。だから今、公民権法を作って差別を排し、就職でも入試でも黒人を優遇するアファーマティブ・アクションをやっている。

その上になお過去の償いとしてOJまで無罪にしなければならないのか。

そんな呻きが聞こえたような気がした。

評決が出て、年が改まるとマーチン・ルーサー・キング牧師の生誕を祝う休日が巡ってきた。「私には夢がある」の言葉で知られる。人種平等社会の実現に生涯をかけ、最期は白人のならず者に銃で撃たれて死んだ。

だからただの祝日じゃない。独立記念日と同じ国定祝日なのだが、驚いたことに街はいつもの平日と同じ景色だった。

駐車場はいっぱいで、どのオフィスも明かりがつき、「キリスト教の休日もユダヤ教の祝日も休みを取るユダヤ人のカメラ屋もいつも通り営業していた」と新聞コラムに書いた。

なぜかくも傲然と国定祝日を無視するのか。

平常勤務の宅配屋の黒人青年は「白人はこの日を無視したがる。ＯＪの評決もあるし」と言った。

そういう冷たい空気は感じた。黒人優遇政策も「逆差別になる」と政府機関まで廃止を示唆し始めていた。

「評決の日に聞いた白人のやり場のない呻きに通じるものがあるのでは」とコラムを結んだ。

清教徒どもが無責任な歴史を紡いだ。その付けに呻吟する末裔の思いの一端を書いたつもりだったが、思わぬ反応があった。

日本の評論で食っているユダヤ系のアンドリュー・ホルバートが全面否定の論評をぶつけてきた。

こちらの分析はいい加減で「日米関係を危うくする」とまで言う。

米国の異様さをちょっと書いたらここまで過剰反応してきたのに驚いた。

いやいや米国の方が酷いだろう。クリントンは三菱自工を「セクハラ地獄」と罵り、カネまで取った。それでも日本は我慢した。日米関係の安定は日本人の我慢の上にある。

もう一つ。「ユダヤ人のカメラ屋」を「白人のユダヤ人」とホルバートはわざわざ書き足していた。

アシュケナージのことを言いたいらしいが、日本人はユダヤ人をアラブ人と同じセム系と見做し、だから「アンチセミティズム」なんて言葉があるくらいにしか思っていない。

何で白人に拘るのか。不思議に思ったが、少し前ウーピー・ゴールドバーグが「ユダヤ問題は人種差別でなく白人同士の諍《いさか》いでは」と言って大騒ぎになった。

それと通底するのか。そうやって白人ユダヤ人を強調しながらセム系ユダヤ人を装って「ディアスポラからイスラエルに戻ってくるのは当然の権利」と言うのか。

こんなことも「日本人の余計な口出し」になるのだろうか。

（二〇二二年四月二十七日号）

第五章　歴史は何度も繰り返す

中国人たちの心外革命

中国人（漢人）が満洲民族の清朝を倒した辛亥革命について中国研究家の宮崎正弘は「心外革命と表記すべきだ」と言う。

あれは確かに変な革命だった。だいたい革命指導者と称する孫文は日本人にカネと女をたかって遊び歩き、米国には「日本を大陸に出ないよう牽制しろ」と指嗾《しそう》した。

むしろ紅幇《ホンパン》青幇《チンパン》とか犯罪集団の方が「滅満興漢」を真正面から訴えていた。

なぜ中国人は満洲人の清朝を嫌うのか。

清朝は中国人を支配したほか、モンゴルもウイグルもチベットも制圧した。

ただ中国人以外の国とは対等に接し、彼らの文化を尊重し、熱河には彼らを接遇する離宮、承徳宮も建てた。

そこにはチベットのポタラ宮そっくりの宮殿も建て、またモンゴル首脳とは一緒に狩を楽しむ木蘭《ムーラン》猟場まで用意していた。みな平等な同君連合にも見える。

中国人だけはその埒外で、清朝は彼らを蔑視し、漢字も認めず、公文書の類は満洲文字で書かせた。

清朝は中国に咲いた文化は外来民族がもたらしたもので、中国には纏足《てんそく》とか宦官とか碌でもない文化しかないことを知っていた。

清朝はまた外来王朝の奴隷にされてきた中国人の性格が歪み切っていることも知っていた。それで中国人をその他民族と峻別し、支配階級の満洲人との通婚も禁じた。

だから清朝の後宮にも中国の女は入れなかった。

建国時の米国は黒人を人とも認めず、婚姻はおろか性交すら犯罪として処断してきたが、清朝の中国人への対応はそれと同じだった。

因みに外来民族と中国人が同居した五胡十六国時代、悪さをすると「まるで漢人みたい」という言い方があった。そこから「悪漢、痴漢、無頼漢などの言葉が生まれた」（須山卓・長崎大名誉教授）という。

しかし中国人には自省する能力もない。逆に自分の国で外来民族に奴隷扱いされることにひたすら不満を募らせていた。

辛亥革命前夜はそんな空気が漲り、武漢の治安部隊を率いる黎元洪《れいげんこう》は滅満興漢を唱える者を捕まえては次々斬首していた。

その晩も何人かを処刑したあと、武昌の火薬庫で大爆発が起きた。宮崎説では兵士が火薬の樽を落とした偶発的な爆発だったそうだが、いい加減な中国人はそれを革命派の蜂起と思った。清朝側の黎元洪もそう思った。

ただ彼は鎮圧に乗り出さず、我が身が危ないと身を隠してしまった。

軍が出てこなければ革命派は増長する。武昌の満洲人の邸宅が襲われ、略奪と強姦が始まった。英王立国際問題研のビル・ヘイトンは「その夜だけで武昌で満人500人が殺された」（『「中国」という捏造』）という。とくに略奪できるのは彼らを勢いづかせ、革命の輪はどんどん広がった。

夜が明けると満洲人殺戮は各都市に飛び火した。「西安では1万人の満洲人が殺された」「纏足をしない女は満洲女と見做されて犯され、殺された」（同）

その他、福州、杭州、南京などでも万単位で満洲人が虐殺された。

そんな中、隠れていた黎元洪が捕まった。革命同志を処刑しまくった男だ。革命の血祭りにあげるかと思ったら違った。彼を革命派の総統に祀り上げたのだ。

孫文はデンバーで遊んでいて不在だし、名の知られた中国人は黎元洪しかいなかったからだ。「心外革命」たるゆえんだ。

かくて清朝は斃れ、ずっと奴隷だった中国人が政権の座に就いた。そして彼らしい大ぺテンが始まる。孫文が持ち出した「満洲王朝の版図（満蒙回蔵）は我々中国人が引き継ぐ」とする五族共和論だ。

その理由が凄い。「文明化された知識ある漢民族には、より劣った満蒙回蔵を未開から文明に導く崇高な義務がある」というのだ。

ダーウィンの進化論をもじった作り話だが、世界は中国人が文明人でもなく、ひたすら残忍な存在であることを進行中の革命騒ぎで知ったばかりだ。

しかし国際事情がその嘘を許した。中国市場を欲しがる米国が独断で中国人が清朝の大版図の正しい後継者だと認めた。世に言うスティムソン・ドクトリンだ。

そして今の満蒙回蔵の悲劇を生み出した。

過ちを改め、中国を長城の内側に閉じ込めることが今、世界の文明人に求められる。

（二〇二三年五月四・十一日号）

白村江の教えを忘れるな

朝鮮最古の史書「三国史記」は、鎌倉時代の少し前に書かれた。中身は「新羅の初代と4代目の王は日本人」とか、それよりはるか前に書かれた古事記と符合する記述もある。

あの時代、百済も含めて日本の影響下にあり、日本人の血も濃厚に残されたと思われるが、それは全くなかったようだ。

なぜならその後の半島の歴史には日本人らしさが全く出ていないからだ。

7世紀にあった白村江の戦いもそうだ。

日本は百済に頼まれて新羅征伐に行く。しかし待っていたのは唐の大軍。日本軍は大敗を喫する。

このとき、ともに戦うはずの百済人どもは勝手に仲間割れして戦いはすべて日本に押し付けた。

新羅も唐に援軍を頼んで舞台下手へ静かに去ってしまった。

自分の戦争を他人に押し付ける。そういう性根を日本人は持ち合わせない。

仮に他人に助けを求めたときは自分も精一杯戦う。それが日本人の形だ。

このいい加減さは朝鮮の歴史を貫いていて朝鮮戦争もまた同じ展開だった。

昭和25年6月、北朝鮮軍が38度線を越えると、韓国の李承晩は米軍にすべてを任せて半島の先っぽ釜山まで逃げてしまった。米軍はしょうがない、洛東江の流れを血で染めながら北と戦った。白村江の日本軍みたいなものだ。

で、何とか北朝鮮軍を追い返したら、今度は北が中国に戦争を丸投げした。

もとはちっぽけな国の内戦だ。それに大国が巻き込まれて戦うという冗談みたいな代理戦争だった。

それが3年も続き、米軍戦死者が5万を超えると米国も流石に嫌気がさす。

何で朝鮮人同士の内戦に深入りする必要があるのか。おまけに韓半島は要衝でもない。どう転んでも国際情勢に影響すらない。

だから米国では「第二バイオリン戦争」と呼んだ。あってもなくてもどうでもいい、ほどの意味だ。

で、米国が休戦を言い出し、毛沢東も頷き、ちょうどスターリンも死んだからソ連も合意した。

そしたらずっと逃げ回っていた李承晩が出てきて「北朝鮮を滅ぼすまで戦い続けろ」と米を叱咤した。

自分が一番偉いつもりでいる。この民族特有の性癖だが、周りはただ鬱陶しい。

李承晩を外して休戦協定が調印された。

北が今も好きに韓国を砲撃できるのは韓国とは休戦していないからだ。

もう一つ、この民族には解せない点がある。

今でこそ南北に別れて深刻に対立しているが、もとは同じ民族だ。細目でえらが張った顔立ちも同じなら言葉も文字も同じだ。

先の大戦後、冷戦のあおりで分断されたが、分断の最大理由だった冷戦はもうとっくに終わっている。

他の分断国家ドイツも統合し、ベトナムもその前に自力で統一を果たした。

南北朝鮮もそうすればいいのに、逆に彼らは分断を楽しむように国連に南北が議席を持ち、W杯サッカーにも2チーム繰り出してくる。

片方は偽ドルや覚醒剤やネット詐欺をやって国際社会の顰蹙を買っても、もう片割れは知らんぷりだ。

その北朝鮮が最近は核を弄《もてあそ》んで世界を脅し始めた。

韓国人にもし日本人の血が一滴でも入っていれば己が同胞を戒め、反省がなければ国際平和のために犠牲を顧みず北の暴走に歯止めをかけただろう。

しかし韓国にそんな気配は微塵もない。それどころか大統領尹錫悦は米国に飛んでいって北朝鮮の核暴走の愚を止めるために「日米韓が協力しなければならない」と言った。

実に気安く日本の名を出してくれるが、日本にも米国にもそこまでやる義理はない。

尹はこれで南北の戦いを中国と日米の戦いに転嫁できる気でいる。

日米韓協力体制とは白村江や朝鮮戦争と同じパターンに持ち込むための準備工作でしかなかった。

そしたら岸田は尹の日米韓の連携をひたすら喜んでホワイト国待遇復活を手土産に訪韓までやった。

中大兄皇子の残した教訓を忘れたか。


（二〇二三年五月十八日号）

憲法審査会が闇に光を当てるとき

立憲の小西洋之が毎週開く衆院憲法審査会を「サルみたい」と嘲笑した。そこでどんな議論が交わされているか、一端が先日の産経新聞に載った。

自民議員が共産党議員に「共産党は今の憲法成立時に党を挙げて反対した。それがなぜ護憲に転んだか」と質した。

共産党議員は口籠りながら「自民が悪いから」とか馬鹿を言ったとある。

全国中継の予算委でこんなシリアスな議論は聞いたことがない。

毎度馴染みの辻元清美の雑言よりは遥かに知的で楽しい。こっちを全国中継すべきではないか。

因みに共産党を代表して憲法反対論を語ったのは野坂参三だった。

昭和21年8月の衆院本会議場がその舞台で、野坂はＧＨＱ製の憲法草案についてこう述べた。

「憲法9条は空文だ。自衛権を放棄すれば我が民族の独立を危うくする」

「それゆえに我が党は民族独立のためにこの憲法に反対する」

実にまともだ。

その野坂は治安維持法で追われる身で、終戦時は中共の庇護を受けて中国の延安に隠れ潜んでいた。

帰国する気になったのはGHQが治安維持法を勝手に廃し、獄に繋がれた徳田球一らを釈放したからだ。

それで彼も昭和21年の年明け早々にいそいそと中国から帰国してきた。

それは分かるが、なぜ衆院議員になれたのか。

表面だけを追うとマッカーサーは同年2月に幣原喜重郎内閣に自分が書いた憲法草案を受理させ、同年4月に総選挙を命じた。「戦前という穢れ」のない選良によって新憲法を成立させるためだと彼は言った。

それでも日本人が大嫌いな共産党の野坂に清き1票を投じたとも思えない。

実は野坂が受かるようにGHQはいろいろ手を尽くしている。

一つが公職追放だ。まともな判断のできる政治家の大半と有識者併せて20万人を社会的に葬った。つまり被選挙権を奪った。

代わりに野坂ら共産党員や社会党の加藤シヅエらを立候補させた。

それでも野坂が当選する可能性は低かった。

そこでＧＨＱはこの「第22回総選挙」に限って従来の中選挙区制を廃し、最大14人区の大選挙区まで作る操作をやった。

例えば野坂が立った東京1区は実に10人区だった。当たり前だが、そんな沢山の立候補者など揃わない。野坂はほぼ無競争で当選が決まった。

「知能遅滞児は強制断種」を唱えた加藤シヅエは東京2区から立候補した。

定員は12人。12位以下は法定得票に達せず、彼女は自動的に当選が決まった。

かくてＧＨＱが選んだ立候補者はみな当選という摩訶不思議が実現した。

ただＧＨＱにも抜かりがあった。それは自由党の鳩山一郎の当選だ。

彼はＧＨＱの新聞検閲が始まる前に米国の原爆投下について「非戦闘員を殺戮した悪辣な国際法違反行為」と糾弾する談話を朝日新聞に載せていた。

その鳩山は自由党総裁として首相になりそうな雲行きだった。

それはまずい。

ＧＨＱは外人記者会に命じて「午餐会に彼を呼んで吊し上げ、公職追放の口実を作らせた」（マーク・ゲイン『ニッポン日記』）。

こういう工作を次々打って、マッカーサーの書いた憲法草案は彼が望んだ顔ぶれによって審議された。

天皇が発議もしていない憲法改正案は明らかに違法だが、それはなぜか審議されなかった。かくてまともな共産党員を除く選良たちによって新憲法は成立した。

新憲法の前文には「日本国民は正当に選挙された国会の代表者を通じて行動する」とある。しかし草案の法的根拠は論じられず、候補者も選挙区の区割りもＧＨＱによって変更され、当選者ですら勝手に外された。

どこが正当な選挙なのか。憲法審査会は小西の言ったことなど気にせずに毎日開催してでもこの闇に光を当ててほしい。


（二〇二三年五月二十五日号）

維新の威信

闇サイトで人を集めて資産家を襲わせる。

そんな指令の出どころがマニラの出入国管理施設と聞いて大いに驚いた。施設と言っても国外追放を待つ犯罪人を収監する立派な「監獄」だ。

そんなところでもカネさえ出せば夜な夜な繁華街に遊びに出られる。飲んで遊んで、ただ最後は必ず監獄に戻らねばならない。

日本の新聞がその豊かな自由に吃驚したら、親韓派の文化人、青木理が「他国の入管施設を難じる資格があるのか」と妙な逆捩じを食わせてきた。

入管施設にいたウィシュマ・サンダマリが望んだ仮放免、つまり医療施設への入院が認められないまま死んだ。その不祥事を言いたいらしい。

ただそれはどうか。なるほどフィリピンの入管施設は実に自由だ。カネがあれば何でもできる。強制送還すら誰かに訴訟を起こさせて延期できる。

しかしそれ以上の自由を与えている国があることを青木は失念している。それが実は日本なのだ。

日本はカネもかけずに強制送還を免れ、娑婆にだってただで出られる。

どれほど気儘か。青木が指摘したウィシュマを例に取ってみよう。

彼女は、国連特別報告者の名で日本を貶めたクマラスワミと同じスリランカ出身のシンハラ人だ。

29歳の春、日本に語学研修にやってきた。語学を学んで日本の中学の英語教師になるつもりだった。

そんな即席の英語教師でも外国人なら有り難がる日本の教育風土にはうんざりだが、それは措く。

かくてウィシュマの語学研修が始まったが、半月もしないうちに同郷の男と同棲して、学校にも出てこなくなった。

半年欠席すれば留学ビザは失効し、不法滞在になる。心配して連絡をとる学校をうざいと思ったか、ウィシュマは男と出奔する。

ニューヨーク・タイムズも興味を持った。

以下同紙によると行方を絶って2年、彼女は静岡県警に「同棲男に殺される。国に帰りたい」と保護を求めてきた。

ただ所持金はない。家族も知らんふり。日本政府の負担で国に送還してほしい。

それで名古屋の入管施設に入れられるが、そこに人権屋が接触してきてからおかしなことが始まった。

まず帰国していた男から彼女宛ての手紙が届く。

誰が彼女の所在地を教えたかは不明だが、人権屋が絡んでいることは確かだ。内容は彼女が帰ってきたら今度こそ殺すという脅しだった。

彼女は慄《おのの》く。帰りたくないと言いだし、人権屋の世話で難民申請が出された。

「宗教や政治信条の違いで迫害される恐れがある」とき、日本政府は難民として受け入れる。彼女も同じ。帰国すれば迫害が待っている。立派な難民というわけだ。

馬鹿な申請が退けられると彼女は急に病気になる。

食事も摂らず、痩せ衰えて入院治療のための仮放免を求めた。同じような理由で「もう6000人が放免されている」ことを誰かが教えたのだろう。

外に出れば自由だ。2021年に仮放免で出た者の19％599人が逃亡し、361人が殺人などで捕まった以外みな外で送還される心配もなく暮らしている。

現行の入管法では送還されそうになったら難民申請を出せば何回でも引き延ばせる。フィリピンよりはるかに楽で安い。

ウィシュマの場合、その申請中に不幸にも拒食のせいで死んでしまった。この事件について維新の梅村みずほ参院議員が「支援者の一言が『病気になれば仮放免される』という淡い期待を抱かせ、詐病に繋がったのでは」と指摘した。日本の法を嘲る不法滞在者、それを助長する人権屋のいびつな人権意識を見事に抉《えぐ》った質問だった。

ところが正面から糺《ただ》された人権屋が抗議し、まだ日本に居続けるウィシュマの妹も「姉の尊厳を傷つけた」と怒る。

その他野党も梅村発言を糾弾する。維新が先の選挙で伸びた理由はその他野党との知的レベルの差にあったかもしれない。

（二〇二三年六月一日号）

忘恩のユダヤ人が主張した「権利」

憲法記念日の天声人語はベアテ・シロタを取り上げていた。

彼女は新憲法草案に「女性差別」を禁じる1項を加え、結婚は「両性の合意に基づき妻は夫と同じ権利を持つ」と明記して「不幸な日本の女たちを救った」と紹介する。

このコラムの悪いところは何の取材もしないことだ。このくだりもベアテの自伝からそっくり引用した。

彼女の評判についても、GHQが日本の新聞に一切の真実を書かせなかったころに押し付けたイメージをただなぞっているだけだ。

しかし戦後70年の間には多くの疑問も生まれた。天声人語はそういう新事実に一切触れていない。ホントはどんな女なのか。

ベアテはユダヤ系ウクライナ人の音楽家レオ・シロタの娘として1923年に生まれた。

ウクライナのユダヤ人と言えば「屋根の上のバイオリン弾き」が思い浮ぶ。

スラブ人による略奪と虐殺の嵐、ポグロムに耐えきれず国を逃げ出した牛乳屋テヴィエ家の物語だ。

シロタ家も同じ。彼らはポグロムを恐れてウィーンに逃れるが、そこで待っていたのはナチの脅威だった。

安住の地を求めるシロタは満洲で山田耕筰に会ってユダヤ人差別のない日本へ移り住むことを決めた。このときベアテは5歳。

白人アシュケナージを鼻にかけ、1939年、アメリカンスクールを出ると「米国の大学に留学したい」と駄々をこねた。

しかし当時のユダヤ人の環境はもっと悪化していた。

その前年、ナチのユダヤ人迫害を心配した欧米諸国の代表がユダヤ人難民の受け入れについて仏エビアンで会議を開いた。

ただ米大統領ルーズベルト（FDR）はごく冷淡で会議には全権代表すら送らなかった。会議もその雰囲気を受け、受け入れ国はゼロに終わった。

半年後、ナチの弾圧を逃れようと937人のユダヤ人が独客船セントルイス号でハンブルクからキューバに向かった。

しかし米保護国のキューバは土壇場で上陸を拒んだ。FDRの意向だった。

ＦＤＲは「母校ハーバード大からユダヤ人学生を締め出そうとまでした」（米史家Ｒ・メドフ）ほどのユダヤ人嫌いだった。

キューバを追われ、米国の港は立ち入りを禁じ、行き場を失ったセントルイス号は欧州に戻る。

乗客は仏、蘭などに上陸を赦されたが、そこもやがてナチに占領され、乗客の多くはアウシュビッツに送られて殺された。ＦＤＲの狭量が彼らを殺した。

そういう時期、ベアテは米国に行きたいと言った。関係筋はＦＤＲのいる限り諦めろと言った。

ただレオと娘にはいい知人がいた。近所に住む元首相の広田弘毅だ。

彼はベアテをとても可愛がっていた。そして大国日本の大政治家のおかげで彼女は奇跡的にビザを得て、オークランドのミルズ・カレッジへ留学が決まった。

２年後、日米は開戦する。

ベアテはあれほど嫌った日本人と日本語に通暁していたことが幸いし米政府の戦争情報局に入れた。戦後はＧＨＱ民政局の一員として父母の待つ日本に戻ってきた。

最初の仕事は日本を滅ぼすためのマッカーサー憲法草案作りだった。

女子大を出ただけの、無教養な女には人権の項目が任された。何も思いつかないからソ連の憲法のその辺をコピペして1週間で作り上げた。

滅びの憲法だから、その程度の中身でも十分だった。

同じ時期、市谷では東京裁判が始まり、彼女に留学の機会を作ってくれた大恩人、広田弘毅がA級戦犯として裁かれていた。

彼女が真人間なら助命を語っただろう。父レオも国際社会が背を向ける中で多くのユダヤ人を受け入れた日本人の高い人道性を法廷で証言しただろう。

しかし日本に救われた父娘は最後まで感謝の言葉もなく、広田の死刑にも素知らぬふりを続けた。

その代わりベアテは「日本は女の権利を認めない後進国」と生涯触れ歩いた。

恩を忘れたユダヤ人一家を偽りで飾り立てて何の意味があるのか。


（二〇一三年六月八日号）

赤い中国人と留用日本人

帝政時代のロシア人はまだまともだった。

日露戦争では負傷した日本兵を見つけると十分な手当てをしてメドベージの収容所に送った。

日本人捕虜は約１８００人。「待遇は良かった」と送還後に報告している。

それから40年。スターリンの下で共産化した彼らは人間をやめていた。

彼らは日本の敗戦を待って満洲に攻め入り、略奪と強姦をしまくった。

ポツダム宣言で「速やかな復員」を約束したのに60万将兵はシベリアに送られ奴隷として働かされた。

スターリンは北海道占領も企てたが、占守島《しゅむしゅ》で日本軍に叩きのめされた。その腹いせに留萌沖で引揚げ船に魚雷をかまして１７０８人の日本人を殺した。

プーチンはこの犯罪行為で得た北方四島も返さない。引揚げ船撃沈も謝罪しない。ヒトはひとたび共産化するとみなモラルも良識も失ってしまう。

では中国人はどうか。

日本人は日清戦争のときに共産化する前の中国人とまみえる機会があった。

日本では荻生徂徠の昔から中国は徳の国で中国人は孔子の教え子だと思っていたが、大違いだった。

彼らは共産化したロシア人よりももっとたちが悪く残忍で卑劣だった。

日本人は緒戦の豊島沖海戦で敵巡洋艦「済遠」の振る舞いに驚かされた。

この艦は被弾すると国際法に従って白旗を上げて停った。礼義と勇気を重んじるのが海軍軍人だ。ところが日本艦が拿捕に向かうといきなり魚雷を放って逃げた。ズルと機略の区別もつかない。

もっと吃驚《びっくり》は戦争が終ってからの捕虜交換だった。

日本側は戦中でも1万近い兵を宣誓解放していたが、加えて内地の病院で手当てした1644人を送還した。

対して中国が戻したのは一人だけだった。

数百人はいたはずの日本軍捕虜は、実は耳と鼻を削がれ、目玉を抉られ、手足を叩き切る「野蛮惨毒の所為」（山縣有朋）によって殺されていた。

これが赤くなる前の中国人の姿だった。

そして半世紀。第二次上海事変で日本軍は再び中国軍とまみえたが、その半分は共産化していた。

彼らにはコミンテルンの他にもスポンサーがついていた。中国を終《つい》の「マニフェスト・ディスティニー」と定めた米国で、国務長官スティムソンは蔣介石に「満洲もモンゴルも中国人にくれてやる。その代わり日本を戦争に引きずり込め」と命じた。

かくて在留邦人へのテロが始まり、通州では250人が惨殺された。

蔣は次に6万精強軍に上海の日本租界を攻めさせ、2万邦人皆殺しを図った。第二次上海事変と呼ばれる日中戦争の始まりだった。

日本が戦力の大半を中国大陸に注ぎ込んだところで米国が挑発してきた。日本は二正面で敵と戦争する羽目に追い込まれた。

日本が力尽きたとき、北の方で赤いロシア人が日本軍捕虜を攫《さら》い始めたが、中国大陸でも中国人と赤い中国人が日本人捕虜の取り合いを始めた。

彼らはポツダム宣言など読みもしない。山西省では閻錫山《えんしゃくざん》が2600人の日本軍部隊を丸ごと指揮下に入れて毛沢東の赤い中国人と戦わせた。550人がこの地で戦死した。捕虜を戦わせる。スパルタカスもやらない非道だった。

八路軍《パーロ》はもっと悪い。いつもの略奪をやりながら開拓村の邦人男女を徴発して輜重兵《しちょう》や看護婦として戦場に送りこんだ。

蔣介石軍が敗れた後も復員はなかった。終戦から5年後に始まった朝鮮戦争にも3万人を動員し、半分が戦病死した。

赤い中国人は関東軍の操縦士、整備士らから満鉄の技師まで捕えて中共の空軍立ち上げや鉄道建設に従事させた。

炭鉱管理に徴用された日本人技師の一人は中国人上司の使い込みの罪を擦り付けられ、裁判もなしで処刑されている。

1954年10月の国慶節の折、招かれた日本側代表に周恩来は数万人に上る強制残留邦人を「留用日本人」と呼び、「彼らは自由意志で新中国建設に協力した」と語った。

赤い中国人は見え透いた嘘を平気でつく。

（二〇二三年六月十五日号）

追放される記者、されない記者

イスラム・イランは中東の北朝鮮みたいなところだ。

金正恩に当たるのがホメイニ師になる。彼が「女は化粧するな」と言うと口紅を引いた女はみなしょっ引かれて鞭打たれた。

テヘランの日本大使館の横の道を入ったところにそういう不信心な女を鞭打つ刑場があって、キャーキャー泣き叫ぶ女の声が塀越しに聞こえてくる。

口紅でそんな具合だから不倫ともなると冗談でなく石打刑で殺される。

そんなところに特派員として赴任したらすぐ東京新聞の記者が追放された。

続いて日経と毎日の記者が追われた。追放理由は風紀問題も含まれていたが、公表はされなかった。

だからテヘラン外交筋は「非常識な宗教政権を批判して追われた」と善意に解釈して同情もした。

そうなると「ではまだ残っている連中はどうなんだ」という話になる。「イスラム坊主どものポチになったか」と口さがない。

その昔、中国が文革で揺れたとき、それは毛沢東の仕組んだ権力闘争だと産経の柴田穂が報じた。毛は真実を語られるのを嫌った。柴田は即、追放された。

各社も真実を報じて追放されたが、朝日の秋岡家栄は真実を報じなかった。

彼は劉少奇ら2000万人が残忍に殺された文革を「美しい」と報じた。

毛は秋岡の媚びに応えて彼が定年退職すると人民日報日本代表のポストを与えた。

テヘランの外交筋はそういう秋岡を見る目でこっちを見ていたらしい。

そんなときイスラム指導省から呼び出された。こちらの記事が「ホメイニ師に対して不敬」と判断され、記者証は没収。「追放か収監か、追って沙汰する」と宣告された。

良くて追放。多分、牢屋暮らしとは結構応えたけれど、心ではちょっぴり誇らしく思ったものだ。

因みにテヘランの朝日は十分に秋岡的で、いつもいい子だった記憶がある。

そんなテヘランと今、よく似ているのがプーチンのモスクワではないか。

斎藤勉元産経モスクワ支局長によれば「プーチンはほぼ金正恩」という。彼は政敵を暗殺してエリツィンの後釜に座ると、事実に拘《こだわ》る新聞記者を片端から暗殺していった。

自作のテロでモスクワ市民を殺害し、チェチェン攻略の口実にする辺りは金正恩を越えているとも。

ウクライナ侵攻についてもプーチンは「NATOは東独より東には出ないと約束した」「我々は騙された」と被害者を装った。

しかし青学大名誉教授の袴田茂樹は「東に一歩も出ないなんて口約束にもない」と反論する。プーチンはスターリン並みの嘘つきだと。

斎藤勉もウクライナ侵攻時、プーチンがゼレンスキー以下ウクライナの知識人など「数十万人の処刑名簿を持っていた」（4月18日付産経新聞）ことを明かしている。

スターリンがやったカチンの森をプーチンはキーウ陥落の暁に再現する気だった。

しかし1週間で実現するはずだったキーウ陥落は1年半になるという今も成し遂げられていない。

そういう屈辱的な報道にプーチンは甚《いた》くイラつく。

露外務省は袴田茂樹や斎藤勉ら日本人63人に入国禁止の制裁を通告した。

新聞でいえば産経が4人、日経3人、読売2人が処分された。ただし朝日は一人もいなかった。

実際、紙面を見ても欧州総局長の国末憲人が日曜コラムで「露兵士はみな残忍じゃない。

子供にクッキーをくれたのもいた」と書く。

それでもいつもプーチン万歳ではまずいと思ったか「ロシア内、苦しい外国人記者」の見出しで各国特派員が尾行されたり脅迫を受けたりする実態を報じた。

ただ、いずれも被害は外人記者で、いい子の朝日は尾行すら受けていない。

各国記者に尾行や脅しの被害実態を聞いて歩く朝日記者の卑屈な心根の方を聞いてみたい。

もう一つ。外では借りてきた猫みたいなくせに、日本ではやたら尊大に振舞うのはなぜか。

それも秋岡家栄流なのか。


（二〇二三年六月二十二日号）

「強い日本軍」の使い方

昭和25年、北朝鮮軍が韓国に侵攻し、朝鮮人同士の内戦が始まった。韓国の李承晩はすぐ釜山に逃げ、さらに山口県に亡命政権を置きたいと日本に伝えてきた。上がそんな有り様だから下も逃げ腰だ。しょうがない、米軍が独りで北の侵攻を食い止めにかかった。

白人は本来、黒や黄色とは直に戦わない。

英国はそのためにインド兵を前面に出し、米軍はフィリピン兵を養成した。だから日本軍がシンガポール攻略戦で早々にインド兵をやっつけると、パーシバルはあっさり降伏した。

有色人種と戦って勝ったところで名誉にもならないという考え方だ。

しかし朝鮮動乱が起きたとき、米軍にはその備えはなかった。フィリピンはもう独立させてしまったからだ。

米軍は自ら攻撃の矢面に立ち、多くが死んだ。

何で黄色い朝鮮人同士の戦いに米兵が血を流すのかと米世論は騒ぎ立てた。

こんなとき昔は頼りになる強い軍隊がいた。日本軍だ。第一次大戦では青島の独軍を制した。シベリア出兵も頼めた。

しかし米国はその日本軍を消滅させる憲法を押し付けたばかりだった。

なぜなら日本さえ倒せば第三世界で白人国家に楯突く国など金輪際出てこないと浅はかにも思い込んでいたからだ。

米政府はそこを何とかしろとマッカーサーに命じた。日本を再軍備させ、米軍に代わって朝鮮に送り込んで平定させろと。

で、マッカーサーは開戦から半年後の昭和26年の年頭の辞で「邪悪な勢力が世界を侵している。日本も我々と共に戦おう」と訴えた。

吉田茂は笑ってアンタが押し付けた憲法があるから戦えないと答えた。

米軍の戦死者は増え続ける。今度はダレスが交渉に来たが、答えは同じ。

そのうちベトナムもキナ臭くなってきた。

副大統領のニクソンが飛んできてまずヘンな憲法を押し付けたことを深く詫びて「強い日本軍を再建してほしい」と懇願した。

吉田は彼の意図を知っていたから断った。

案の定、ディエンビエンフーでベトナム戦争が始まり、その戦争は20年間続いて米兵5万8000人が死んだ。

ジョージ・ケナンは「米国は日本を誤解し、それを潰すという間違いを犯した。その報いで多くの米兵を死なせた」と反省した。

そして今。米国が日本を潰してまでアジアのパートナーに選んだ中国が実はとんだ食わせ者だったことが分かってきた。

この国は魯迅の描く阿Qに鉄砲を持たせたような国だった。ベトナムを懲罰するとか偉そうに言って逆にコテンパンにやられた。

それに懲りてウイグルやチベットなど弱い国を痛めつけて強国気分に浸っている。

スリランカやソロモン諸島には親切ごかしに金を貸し付け、焦げ付くと居直って領土を奪い取る。黄色いシャイロックだった。

そんな中国が習近平の下、盗み集めた先端技術で宇宙兵器まで創り出し、プーチンと同じに侵略ごっこを始める気でいる。

兇弾に斃れる前、安倍元首相はそれを予測し「日本も核シェアリングを考えるときだ」と言った。

驚いたことにずっと反日のワシントン・ポスト紙が「元首相は中国の覇権主義に早くから警鐘を鳴らした」先見性を高く評価し、「日本が（元首相の遺志に沿って軍事力を持った）普通の国になる」ことへの期待を表明した。

これまでは普通の国になろうとするだけで「軍国主義の復活」と牽制してきた新聞だ。えらい変化だ。

そしたらトランプの元国防長官マーク・エスパーも台湾有事を念頭に「反撃能力を持った普通の国・日本」への期待を語る。

ケント・ギルバートと同じ主張だが、日本の核保有に話が進むとケントは即座に「ノー」と言い放つ。

エスパーも同じ。元首相の言う「日米の核共有」は言下に「不必要だ」と。

何だ。俄かな「強い日本軍」復活話は朝鮮動乱時と同じ。黄色い中国と戦うときのフィリピン兵が欲しかっただけなんだ。

（二〇二三年六月二十九日号）

「性先進国」先人の知恵は偉大なり

民俗学の柳田国男はあるとき折口信夫から相談ごとを持ち込まれた。

折口は和歌にも通じ、釈迢空の号も持つ。

その歌の方の弟子藤井春洋と折口はいつしか愛し合い、同棲もしていた。

ところが春洋に召集令状が届き、金沢聯隊に入ったあと、つい先日、硫黄島に送られてしまった。

もし春洋が戦死でもすれば折口とは法律上ただの同居人でしかない。

つまり遺骨も引き取れなければお墓にも一緒に入れない。「何とかならないだろうか」が折口の相談ごとだった。

柳田は「ならば春洋を養子に取り、我が子にすればいい」と答えた。

確かに養子なら父は遺骨を引き取れる。

春洋が生きて戻れば誰憚ることなく父と子として生活でき、折口の名も家財産もすべて彼に残せる。

折口は柳田に謝してすぐ養子縁組を届け出た。

春洋が硫黄島に着いて間もない昭和19年7月21日に養子縁組届けは受理された。

その半年後、米軍の硫黄島上陸作戦が始まり、春洋が配属された摺鉢山は山容が変わるほどの砲爆撃に曝され、全員玉砕の報が折口の許にも届いた。

春洋の最期の記録はなく、もちろん遺骨も戻らなかったが、御霊は彼の故郷、石川県羽咋市の墓所に折口信夫とともに眠っている。

墓碑には「最も苦しき戦いに最も苦しみ死にたる陸軍中尉折口春洋並びにその父信夫の墓」とある。

今、法に認められた同性婚を望む人たちがいる。財産や相続問題もあるが、折口と同じに死が別った後の悩みを語る者もいる。

柳田国男は80年も前にそうした悩みごとをごく合法的に解消した。法的には親子になるけれど、隣近所には夫婦だと言っておいて何の問題もない。

最高裁の前で筵旗《むしろばた》を振って「不当判決に抗議」とか騒ぐのが目的でなければ先人の知恵に倣うがいい。

コーラン風に言えば「まことと日本社会の先人の教えは偉大なり」だ。

ＬＧＢＴ問題も同じだ。

基督教国が同性愛者を火炙りにしていたころ、江戸では57軒の陰間茶屋が大繁盛し、平賀源内はおかまのランク表も出していた。

ザビエルや朝鮮通信使は日本の衆道文化にただ驚くが、「女は男娼に及ばず」と逆に諭されている。

彼らがそれを理解するまでもう４００年もかかり、今ごろになってＬＧＢに祝福を垂れる。

それが癪なのか。駐日米大使エマニュエルは「日本はまだＴ（トランスジェンダー）を赦していない」と因縁をつけてきた。

この男は関西に行ったことがないのだろうか。

例えば大阪のイベント会場の休憩時間を覗いてみるがいい。

女子トイレに長い行列ができる一方、男子トイレの「大」は空き状態が続く。

間もなくおばはんたちが男便所に入ってきて「今だけ男やでえ」とか言って大の個室に雪崩れ込む。男は笑顔でトランスジェンダー女を受け入れる。

ただこの手の倒錯した性認識は「女性のみに許される」という不文律が確立されている。

性先進国日本らしい節度だが、エマニュエルはそれが理解できない。

トイレも浴場も「男女とも認めろ」と上から目線で言う。恥知らずの大使だ。

因みにこの大阪式トランスジェンダーは名古屋にも達しているとか。

その名古屋で今、名古屋城復元に身障者のためのエレベーターをつけるかどうかの騒ぎが起きている。身障者側は「弱者に向いた行政」を求める。対して大方は「復元の意味を知らない」「平等と我儘を混同している」と反発する。

「足腰は悪いが高いところにも行きたい」という訴えは昔からあった。

例えば讃岐の金毘羅さまだ。せっかく詣でても大門まで365段、本宮までその倍の石段が待つ。そういうとき先人は石段駕籠を発案した。

名古屋城も復元の暁にはそれに倣えばいい。

受益者負担だ。駕籠賃は思い切り高くしていい。


（二〇二三年七月六日号）

第六章　どの口が言う

日本の冤罪を考える

イザベラ・バードは京城（現ソウル）が世界で一番汚いと思っていた。でも北京に行ったらそっちが一番だと知ったと記述している。

それは疫学でも裏付けられる。「家」という字は屋根の下に豚と書く。人とその排泄物を食う豚が同居する世界は過去、人類を脅かす疫病を数多く生み出してきた。

欧州の黒死病のＤＮＡを辿ったら欧州から中東を経て中国に行きついたし、スペイン風邪も出稼ぎの苦力《クーリー》が太平洋を渡ってカナダ経由で欧州に持ち込んだことが分かってきた。

最近はＳＡＲＳを生んでいる。コロナも蝙蝠を食う中国人しか生みだせない疫病だ。

日本軍はそんなところとも知らず日清戦争を戦った。１４１７人が戦死したがコレラや赤痢で1万１０００人も死んでいる。

戦いが終わると広島湾の似島《にのしま》などに帰還兵23万人を順次隔離して中国の黴菌を洗い流す検疫が行われた。

日本軍はこの経験から師団ごとに防疫給水班を置いた。中国の戦場ではこの班が伝染病予防と、きれいな水の確保に努めた。

第五師団にいた中島慎三郎の記録が残る。

「蔣介石軍を追って九江に入ると敵軍は長江の堤防を切り、どの井戸にもコレラ菌を撒いていった」

「わが軍は堤防を補修し、井戸水を浄化してから北進した」

満洲の関東軍防疫給水部７３１部隊の仕事も同じだ。

満洲は中国に勝る瘴癘《しょうれい》地でトラコーマや梅毒の罹患率は高く、コレラやチフスも常在した。

現地に派遣された明大前肛門科の先代女医は、治療の第一歩は「お風呂。それほど汚かった」と語っていた。

７３１部隊の忙しさがそれで理解できると思うが、戦後、話はがらり変わってしまう。

例えば神奈川大名誉教授の常石敬一や共産党の下里正樹らが「７３１部隊は中国人ら３０００人を細菌戦の人体実験に使った」と言い出した。

どんな実験かというと「ペスト菌爆弾を彼らの中に撃ち込み罹患させた」とか。

「部屋を真空にして血を沸騰させ爆発させた」とか。

石井四郎軍医中将はそんな実験を細密に記録し、「米軍は貴重なデータと引き換えに同部隊全員を無罪放免した」とか。

でも、ちょっと考えれば細菌爆弾を爆発させたら菌は死ぬ。現にニューヨークの世界貿易センター地下で1993年、600キロ爆弾を爆破させた事件では放出されるはずのシアンガスが高熱で燃えてしまっている。

真空実験もソ連のソユーズ事故で実証されたように、血は沸騰せず、人体も爆発しないものなのだ。

「米軍の免責」もヘンだ。

米国は日本に原爆を落とした。言い訳もできない残忍さだ。それを正当化するのに「日本軍はもっと残忍だった」を証明しようとあのころは躍起だった。

でも何も出なかった。だから南京大虐殺とかバターン死の行進とか愚にもつかぬ嘘を並べ立てていた。

731部隊がホントに残忍なことをやっていたら大喜びしただろう。ほら見ろ、原爆は正しかったと。

常石が言う「人体実験など無縁の米軍がデータを欲しがった」も笑わせる。

なぜなら米国人は人体実験大好きで、やりたい放題やってきたからだ。

ペニシリンが実用化された1942年にはグアテマラの囚人1146人に梅毒菌を注入し、

被験者69人を死なせている。

原爆ができると末期がん患者18人にプルトニウムを注入し、その毒性の調査をやった。シンシナティでは医療費未払いの患者に2500ミリシーベルトの放射線を浴びせて観察もしている。被験者はだれも生体実験とは知らされず、ただ苦しんで死んでいった。コトがばれてクリントンとオバマが恥ずかしそうに謝罪している。それが米国の偽らざる素顔だ。

因みに常石は松本サリン事件の折「農薬からサリンができる」と無知を曝して冤罪騒ぎを起こしている。

今、飯田市で731部隊の元少年兵という老人が誰に乗せられたか「人体実験はあった」と騒いでいる。いい機会だ。日本の冤罪をしっかり考えたい。


（二〇二三年七月十三日号）

マイナカードの効用

米国に赴任するとまず役所に行って社会保障番号（SSN）を取得する。

氏名、誕生日のほか身長、体重から髪の色、瞳の色、肌の色が個人情報として記載される。肌の色は「黄色」ではなく「ミディアム」と書かされた。黒と白の中間という意味か。では色白の日本人はミディアム・レアなのかとふと思ったりした。

最後に母親の結婚前の姓名を暗証として登録すると、9桁の番号が与えられる。

この番号がないと運転免許も取れない。

西海岸では通勤も買い物も子供の通学にも車が欠かせない。だからどんな家でも駐車スペースは一家に2台分が用意される。

子供が18歳になると自分の車が欲しいと言い出して家を出ていく。それは子供の巣立ち風に言われるが、むしろ余分な駐車スペースがない住宅事情にあるのかもしれない。

免許を取るには日本では自動車コースつきの教習所に通うが、米国にはそれがない。代わりに運転教習員を頼む。

「では明日の午後1時」とか時間を決めると、きれいな女性の乗った教習車がやってくる。すぐ運転席に座らされ、そのままサンタモニカ大通りを走り、左折の仕方や優先道路の意味を教わる。

ずぶの素人でもこの路上教習を10回もやれば、だれでも本番の実技試験に合格できる。筆記試験もある。今でも覚えている規則がある。

一車線道路で後ろに5台並んだら、つまり遅すぎて後続車がイラついたら「右端に車を停めて道を譲る」ことを義務付けている。

自己中の米国で公徳心を定めた唯一の規則で、日本もこれは真似したい。

免許が取れたら次は銀行に行く。SSNがあれば口座を開け、それでビザとかのクレジットカードが持てる。これでやっと一人前に生活ができる。

ただカードはすぐには発行されない。最低半年間、給料の振り込みや家賃の支払など経済活動を遅滞なく続けた実績があって初めて発行される。

この条件は離婚女性や未亡人には厳しい。

米国では亭主が家計を一手に握り、主婦は禁治産者扱いだ。主婦はピザの代金すら小切手《チェック》では払えない。妻名義での経済活動歴など一切ないのだ。

赴任したての日本人とその辺は同じだが、ただ日系銀行がどこにでもある。日本での社会的信用が生き、すぐカードが手に入る。

余談だが１９８０年代の米国で若い女性がカードを切っていたら、まず「高級売春婦と見られた」とはロスの女性弁護士ジュリア立川の話だ。

というわけで米社会ではＳＳＮを持って初めて車を運転でき、カードが切れる。まともに生活できる。

その代わり預金も何もすべてガラス張りだから隠し口座で脱税などできないし、成り済まし詐欺もできない。

マイナンバーカードは実はこのＳＳＮをモデルにしている。

背景には戸籍と判子で済んだ昔のＩＤ確認では対応できないほど外国人犯罪が増えたことにある。

不法入国した中国人や韓国人はもともと写真のついていない保険証を使って日本人に成り済ますことができる。

どれほど緩いか。例えば密入国中国人の夫婦が西新井署管内でラーメン屋を開業し、普通に儲けて、車も持てば息子を学校にも通わせていた。税など払ったこともない。その息子が別の中国人に誘拐されてすべてがバレた。

驚いたことに事件に絡んだ中国人はみな日本の社会保障にただ乗りして優雅に暮らしていた。

マイナはこうしたふざけた抜け道を塞ぎ、200万はいるという成り済まし日本人を締め出し、日本人の生活を守るのが目的だ。

今、マイナカードの自主返納とか嫌がらせをやっている者はほとんどが脱税者か不法入国者か、その縁故者か。マイナが機能すれば困る連中ばかりと見た方がいい。

朝日新聞は北の拉致を否定し、慰安婦の嘘を吹聴し、日本を目の敵にしてきた。その朝日がマイナ潰しに今、死に物狂いだ。

日本の敵退散に余程の効果があるからだろう。

（二〇二三年七月二十日号）

冤罪の素と先導役

米軍占領下の昭和24年7月、国鉄総裁の下山定則が失踪し、翌朝、綾瀬駅近くで轢断死体となって見つかった。

ＧＨＱから国鉄職員の大量解雇を要求され、かなりの心労があったという。前夜に仮泊した旅館の仲居の証言もある。その果ての自殺と思われた。

ただ死んだのは国鉄総裁だ。所見は権威ある東大法医学教室の古畑種基教授にお願いした。型通りの解剖で済むと思ったら、この権威には現場の知識がまるでなかった。

汽車に轢かれれば体はバラバラになるが不思議なもので出血は少ない。

こちらも駆け出し記者のころ、よく列車飛び込みの現場に行かされた。

常磐線の水戸・偕楽園の下、千波《せんば》湖に沿う辺りが飛び込みの名所だが、轢断死体はいくつも見たが、血の海を見たことはなかった。

轢死に出血は少ない。しかし現場知らずの古畑はそれを知らなかった。

首を傾げた末の鑑定結果は死後轢断。つまり国鉄総裁は何者かに血を抜かれて殺され、走る貨物列車に投げ込まれたのだと。

誰かがそれをすぐ笑い飛ばせばよかった。恥はいっときだ。

しかしみなは東大の権威を前に沈黙した。馬鹿な朝日新聞に至っては本気で「米軍が血を抜いた」なんて書いていた。

かくて古畑の暴走が始まる。下山事件のすぐあとの弘前大教授夫人殺しでは那須与一の末裔、隆のシャツの滲みを人血と鑑定して真犯人にしてしまった。

以降、四国で金貸しが殺された財田川事件や宮城の松山事件、静岡の幼女殺害事件など難事件が古畑鑑定によって次々解明され、みな死刑判決が下された。

状況に無理があっても検事も裁判官も東大の権威には付き従った。

そして20年経った昭和46年。「弘前大教授夫人殺しはオレがやった」と滝谷某が名乗り出てきた。

三島由紀夫の死を賭した檄を刑務所で聞いて感銘し、オレも一生に一度は正しいことをしようと出獄を待って告解を決意したという。

警察も滝谷が真犯人と確認した。那須隆は全くの無実だった。

すぐ再審請求が出されたが、なぜか仙台高裁は申請を却下した。

その翌年、古畑種基が物故した。つまり再審があっても東大の権威が証言台に立って恥を晒す事態にはもうならないということだ。

高裁はすぐ再審を始めて那須の無実を認めた。

古畑鑑定が決め手となった財田川事件の谷口繁義らの再審が次々と出され、みんな再審が開始された。

そして古畑鑑定は相次いで覆されて谷口ら3人が死刑囚監房を出ていった。

東大の権威は失墜し、鑑定は東大と慶応が交代で務めるよう改善された。

下山事件で古畑を担いだ朝日は面目を失ったが、そこはこすい新聞だ。一転して今度は「何でも冤罪だ」と言い出した。

首都圏でＯＬ10人を殺した小野悦男も朝日が執拗に無罪を言い張り、人権派の竪山真一裁判長が無罪放免にしてしまった。

小野はかなりの国家賠償金を手に、娑婆に出るとすぐ次の女を殺した。

冤罪キャンペーンは広がり、大阪で小６少女が焼け死んだ事件も弁護側が「ホンダの軽からガソリンが漏れた」説で再審を要求。

少女は義父に犯され、生命保険もかけられていた。保険金殺人事件にしか見えなかったのに冤罪ブームのおかげで無罪になった。

因縁がつけられればどんな極悪人でも冤罪で無罪になりそうだった。

朝日はその先導役に納まり、今は一家4人殺しの袴田事件再審に傾注する。先日、その再審が決まると朝日の紙面はもはや「再審イコール冤罪の証明」みたいな調子で綴られていた。

そしたら静岡地検が「再審では袴田の有罪を再立証する」と言い出した。再審は決して無罪の証明じゃない。

「なぜなら過去の冤罪はすべて古畑種基のせいだった。しかし古畑はもういない」という主張だ。

朝日はいつも馬鹿な側に付いて人を不幸にする。これがそれを悟らせるいい機会になればいいが。


（二〇二三年七月二十七日号）

中原の王は誰か

万里の長城の内側を中原《ちゅうげん》と言い、そこは古来、漢民族が暮らしていた。

中原には幾多の王朝が建ったが、ほとんどが長城を越えてきた外来王朝で、漢民族を奴隷にして華麗な文化を生んできた。

しかし外来王朝もいつか滅ぶ。そうすると地元の漢人が立って覇権を争い、世は大いに乱れた。

周が滅んだあとの春秋戦国時代がいい例か。

そんな混乱もやがてもっと強い外敵がきて制覇してしまう。鮮卑の唐、モンゴルの元、満洲人の清がそれに当たる。

清が滅ぶと同じように蔣介石や馮玉祥《ふうぎょくしょう》や張作霖が立ってがやがやり始める。

いつものパターンならここに外来勢力、例えば日本が出てきて中国を治め、善政を施すことになる。

民は鼓腹撃壌となるところだが、このときは別の勢力が嘴を挟んできた。米国だ。この国は中国に異様な執着を持ち、「米国の新しいマニフェスト・ディスティニー」とすら呼んでいた。

で、米国はがやがやっている漢人の中から蔣介石を選んで「お前を次の覇者にする」と言った。

それもちんけな中原の王ではない。清が治めた版図、つまり満洲もモンゴルもウイグルもみな蔣介石にくれてやるというのだ。

これが世に言うスティムソン・ドクトリンだ。

そうなれば満洲も蔣のモノだから「日本は蔣介石中国の領土を侵害している」ことになる。だから日本を中国から叩き出せ、というのがスティムソンの狙いだった。

日本は反論する。「漢人が中原の民のように満洲は満洲人の故地だ。漢人のモノではない」と諭したが、米国は聞く耳を持たない。

それどころか蔣には大版図をやった代償に日本と戦って叩き出せと命じた。

そのために戦闘機に教官をつけて中国空軍をプレゼントした。アパッチをやっつけるのにチェロキーに銃をやるのと同じだ。

独逸も呼応した。烏合の集団の蔣介石軍に独軍のヘルメットと制式銃を与えて根性から叩き直した。

さらに黄浦江の河口の呉淞《ウースン》から陽澄湖を結ぶ上海外郭線にも堅牢なトーチカ群を構築させた。

これで上海の邦人を皆殺しにし、救援にきた日本軍もこのトーチカで叩き潰す仕掛けができた。蔣介石軍がそれを果たせば中国は米国のものになるはずだった。

ただその仕上げ中にハプニングがあった。張学良にソ連共産党の命令で蔣を捕えて処分させようという西安事件が起きた。しかし解決役として思わぬ人物が出てきた。宋美齢を連れて現場に飛んだのは在支37年の米紙記者ウイリアム・ドナルドだ。

彼は米広報委員会（ＣＰＩ）と関係があり、彼の登場で事件はすぐ解決した。

そして蔣介石は対日戦に踏み切る。まず盧溝橋で日本軍を刺激した。戦争になってもいい状況だが、日本は堪えた。

次に通州で在留邦人２５０人が虐殺された。

アラモでは米市民２５０人が殺され、米国はすぐメキシコと戦争を起こした。

戦艦メインがハバナ湾で爆発して２６６人が死ぬと米国はスペインに宣戦布告した。その感覚で米国は通州事件をやらせたという説もあるが、日本はそれでもコトを構えなかった。

米国が「構わないからやっちまえ」と言ったかどうか。蔣は2万邦人を大虐殺するために

6万の精強部隊に日本租界を攻撃させた。

しかし日本側は僅かな守備隊がよく戦い、そのうち日本から増援も来た。

折角のトーチカはすぐ落とされ、米国製の中国空軍も日本租界の外に爆弾を落とし、多数の中国人とライシャワー大使の兄を殺した。

これが第二次上海事変だが、歴史学者の加藤陽子は長谷部恭男らとの鼎談で「日本は中国を侮ってトーチカの存在も知らず、英米諸国に見下された。今ウクライナを攻めるロシアに通じるところがある」と日本を腐している。

どこからこんなヘンな見解が出てくるのか。

こんなんだからこの前の学術会議推薦から外された。

学術会議は今年も新メンバーを上申したが、彼女の名はない。

ま、無理もない。

（二〇二三年八月三日号）

もう「下駄」は要らない

イエズス会の伴天連が信長に大きな黒人を献上したと「信長公記」にある。

信長は黒い肌が信じられなくてごしごし洗わせたら「かえって黒光りして驚いた」と続く。

信長は大男に「弥助」の名を与え、士分に取り立てて側に仕えさせた。

弥助も信長によく仕えて本能寺の変では信長の首を持って脱出した。だから信長のデスマスクがこの世に残ることになった。

日本人が次に黒人を見たのは長崎港の出島だった。

オランダ人に鞭打たれる黒人に人々は同情し、彼らを丸山町の遊郭で遊ばせてやったという話もある。

「日本人はそれでオランダ人を嫌った」とスウェーデン人植物学者ツュンベリが書いている。

日本は維新後も人種差別を嫌い、パリ会議では国際連盟規約に人種平等案を盛り込もうとした。

しかし米大統領ウッドロー・ウイルソンと豪州のヒューズ首相が強硬に反対して同案を葬ってしまう。

因みにウイルソンは大統領に就任後ワシントンDCの官庁で働く黒人をすべて遠くに配転し「白いDC」にして喜んだ。

ヒューズも石油タンカー、ペトリアナ号事件の因縁で日本を憎んでいた。

同タンカーは1903年、メルボルン近くの荒海で座礁し、船長ら白人乗員9人が救助された。しかし白豪主義を掲げる1901年法のため、中国人乗員など27人の水夫は難破船に置き去りにされた。

あとは波浪が彼らを処分するはずだったが、通りかかった日本郵船の春日丸が彼らを救助し、事件は世界に知れ渡った。

日本案潰しはその意趣返しだが、反響はペトリアナ号より大きかった。

日本代表の牧野伸顕は帰途、米国を経由したが、寄る街々で黒人市民が大歓迎し、黒人問題が大きな政治課題になっていった。

活動家マーカス・ガーベイは「第三次大戦は白人と黒人・イスラム連合の戦いになる。そして我々の先頭には日本人が立っているだろう」と予言した。

ガーベイとは別の道を模索する黒人知識人ウイリアム・デュボアがそのころ日本を訪れて

いる。

彼が帝国ホテルで支払いをしているとき白人女が割り込んできた。米国風に白人を優先しろと。

しかし日本人のフロント係は彼女がそこに居ることも無視してデュボアの会計を済ませ、一礼してから初めて傲慢な白人女に向き直った。「May I help you?」

デュボアは「自分の国では味わえない当たり前を日本人は当たり前にしてくれた」とピッツバーグ・クーリエ紙で紹介した。

マルコムXはこの二人に刺激された。彼は陸軍の徴兵を前に「私は入隊して戦いたい。ただ入りたい軍隊は日本軍だ」と言った。

戦場では黒人兵がまず矢面に立たされる。マルコムXの発言はその不満に油を注ぎかねなかった。

米政府は丁重に彼の名を徴兵名簿から外した。

ジェームズ・メレディスは差別が当たり前のミシシッピ州で黒人の父と先住民の母の間に生まれた。高校を出ると世の習いに従って軍に入った。

軍歴は10年。最後の3年間はデュボアが感激した日本の立川基地勤務だった。

10年の軍歴があると、好きな大学に行けた。メレディスはここで初めて世の習いに逆らって白人だけが通うミシシッピ大学を選んだ。

黒人と白人の区別もない日本での3年間の生活が影響したように見えるが、バネット州知事は激怒し州兵を出して彼の入学を阻んだ。

ジョン・F・ケネディは連邦軍を出動させて多くの死傷者を出しながらメレディスの入学を守り切った。

ケネディはこれを機に公民権法に取り組むが、成立は彼の暗殺後になる。

こうして見ると未成熟な米社会は時おり日本から差し込む光に刺激されて目覚め、抗い、成長していったように見える。

先日、米最高裁が黒人に下駄を履かせるアファーマティブ・アクションを違憲とした。

メレディスのようにみな成長した、もう下駄は要らないという意味ならばとても喜ばしい。

（二〇二三年八月十日号）

原爆はリンゴじゃない

ハリー・トルーマンはミズーリ州の貧しい農家の息子に生まれた。

クリントンもアーカンソーの貧農の息子だが、苦労して大学に行って大統領になった。

ハリーは大学には行かずにクー・クラックス・クラン（ＫＫＫ）に入って白人優越主義を学んでから大統領になった。

ただ大統領選は戦ってはいない。無名の彼をフランクリン・ルーズベルト（ＦＤＲ）が副大統領に取り立ててくれた。

お礼を言いに行ったらＦＤＲはもう死んでいて、その場で大統領就任式が行われた。

ホワイトハウスのスタッフが誰も知らない新大統領が誕生し、ＦＤＲのやっていた極秘のあれこれを引き継いでいった。

中にマンハッタン計画があった。一つの都市を一瞬で消滅させる悪魔の兵器、原爆を作っていた。

驚いたことにウラン型はとっくにできていて、もう一つの、安価で大量生産できるプルトニウム型も完成間近だった。

投下する都市も京都を初めに新潟、広島、小倉など5番目まで決まっていて、その破壊力を正確に測るために「B29による空襲は一切、控えている」と担当官は言った。京都や広島に空襲らしい空襲がなかったのはそれが理由だ。

KKKハリーは笑って「いいだろう。獣《けだもの》を扱うときは獣として扱わねばならない」と言った。

スヴェン・リンドクヴィストの『すべての野蛮人を根絶やしにせよ』は有色人種の効果的淘汰を嬉しそうに競い合う白人の姿を描いている。ハリーもその中に入れるべきだった。

ハリーはその3カ月後にポツダム会議に出た。グルジア出の小男スターリンが新参のハリーを侮ったが、そこにアラモゴルドでのプルトニウム型原爆の実験成功の知らせが届いた。

ハリーは舞い上がり、日本への原爆投下を命じた。オレはグルジア人も黙らせる最強の白人になった。

前後して「日本がソ連を通じて終戦工作を模索」の情報が入った。

そんな話が出たら原爆が落とせなくなる。ハリーは聞こえない振りをした。

かくてウラン型は京都が広島に変更されただけで、予定通り無警告で無邪気に朝を迎えた市民の頭上600メートルで爆破された。

プルトニウム型は長崎に落とされた。米軍捕虜が市内に多数いることが分かっていたが、ハリーは気にしなかった。

投下後ハリーは「このままでは200万米兵が死ぬ。戦争を終わらすためやむを得なかった」と語った。

日本軍は毎日20万のアジア人を殺し続けているという数字も出された。

しかしそんな嘘で原爆の惨状は糊塗できなかった。ハリーは言い訳を始めた。

彼はまず「広島市民に事前警告をした」と言った。

東京裁判の判事レーリンクはタイムカプセルに入れた原爆の映像を見ている。「中で三度、広島市民に事前警告したとあった。500年先まで米国は世界を騙せると思っている」

GHQも原爆投下が当然と思わせるように南京大虐殺などの嘘を捏ね上げて日本人を洗脳していった。

日本人に贖罪意識を植え付け、心理的に米国に対して原爆の非道を非難させないように。

「過ちは繰り返しませぬから」はその成果の一つだ。

「日本の教科書も米国が原爆を落としたという事実を書かせないよう管理されている」とプーチンもヴァルダイ会議で指摘した。

日本のメディアも教科書と同じ。先日の朝日新聞の天声人語は「原爆が落ちた」と書く。原爆はリンゴじゃないから自然に落ちない。誰かが落とした。でも朝日は米国に従いリンゴと同じと思い込ませようとする。

ハリーはそういう小まめな後始末の他にもう一つやったことがある。

原爆投下機エノラゲイをスミソニアン博物館にこっそり預けたのだ。

そして原爆投下50年目にエノラゲイをワシントンＤＣに飾り、米市民は広島の大量殺戮の偉業を盛大に祝った。

70周年の２０１５年にはロスアラモスやハンフォード、オークリッジの原爆関連施設をすべて国立公園にした。原爆はハリーの時代から変わらずお祝い事なのだ。

（二〇二三年八月十七・二十四日号）

殺人犯キリノの交渉術

19世紀末、米国はスペインと戦争してフィリピンを自国の植民地にした。独立を期待したフィリピン人は怒り、アギナルド将軍の下、4年間も歯向かった。サマール島では米軍一個小隊を全滅させる戦果を挙げた。

米司令官アーサー・マッカーサーは怒って報復に同島と隣のレイテ島の住民10万人を皆殺しにした。子供は除けと命じたが「一人もいなかった」と部下は報告した。

米軍は残忍で、抵抗する者は勝手にゲリラと見做し、好きに拷問した。その家族も同罪とみなして、同じように拷問して殺していった。

米上院公聴会には「被害数は20万」の証言が残るが、それは内輪すぎる。その3倍は殺していた。

その極悪米軍が40年後に日本軍によってフィリピンから叩き出された。代わってマニラに入った日本軍は民家の接収すらせずに競馬場を宿営地にした。

フィリピン人の政府が置かれ、アギナルドも顧問として加わった。ハイアライの競技場もすぐ再開され、スペインのフランコ総統から日本軍司令官に謝辞が届けられた。

そんな長閑さも間もなく終わる。

昭和20年2月、日本軍は米軍との最後の決戦を前にサントトーマス大に収容していた欧米民間人3780人を米軍に引き渡した。戦火の巻き添えにしないための日本人らしい措置だった。

しかし敵の司令官はダグラス・マッカーサーだ。あのサマール・レイテ大虐殺をやったアーサーの息子だった。

彼はマニラが日本軍とフィリピン人だけになると、空と海から市街に向けて砲弾の雨を浴びせた。市街は2週目を待たずに廃墟と化し、日本軍1万は全滅し、逃げ場を失った市民も多くが殺された。

父の虐殺数を凌ごうというダグラスの堅い決意が感じられた。

それから7カ月後。東京に入ったダグラスはマニラの犠牲者数が10万人に上り、それが日本軍による虐殺だったとする「比島戦における日本軍の残虐行為」を新聞に掲載させた。

マニラを廃墟にした米軍の砲爆撃での犠牲者はゼロだったという意味だ。

余りのアホらしさに朝日新聞は「求めたい軍の釈明」と、事実の相互検証を求める記事を載せた。

ＧＨＱは即座に朝日を発刊停止し、ダグラスは「お前ら日本人は我々（白人）と対等と思うな」と言った。

かくて日本軍がマニラ市民10万人を虐殺したという「史実」が創られた。

そのお先棒を担いだのがＧＨＱに脅されて転んだ朝日だった。

「日本軍は残忍で悪辣だった」と書けば米国は喜んだ。原爆投下も正当化できる。そこに付け込む者も出てきた。

比大統領に就いたエルピディオ・キリノだ。華人の出で妻と子供３人は米軍の爆撃で死んでいた。

しかし彼はマッカーサーの嘘に乗じて妻子は日本軍に殺されたと言い出した。

「妻は機関銃で撃たれ、３歳の娘は放り上げられ銃剣で刺された」と。

彼は大統領就任の日、モンテンルパに繫がれた日本人戦犯３人を門出の祝いに吊るした。

大統領の初仕事は対日賠償請求で、キリノは80億ドルを吹っ掛けた。相場の20倍に当たる。

日本側が拒絶するとキリノは生粋の中国人らしくその日の内に14人の戦犯を処刑した。

フィリピンでの戦犯法廷はいい加減で、行ったこともないセブ島での事件や子供が指差しただけで79人が死刑宣告されていた。

執行はまだ2回。何度でもやってやるというのが中国人キリノの交渉術だった。

さすがの米国もこのあくどい恐喝外交を放っておけなかった。国務長官が飛んで行ってやめさせた。吊るせない戦犯などいらない。キリノは戦犯全員を解放した。

己の権力誇示と恐喝のために17人も殺して恥じない。これほどモラルを欠いた男を他に知らない。

そしたら先日の終戦記念シリーズで朝日がこの男を大々的に特集していた。タイトルは「妻子を殺されても、選んだ赦し」だと。

17人の処刑はこの男がやった。公知のことだ。

それを隠してまで日本を貶める嘘をまことしやかに語り継ごうと言うのか。

（二〇二三年八月三十一日号）

準支配者ハーフカスの悲哀

ポルトガルは東ティモールを取って香料貿易の拠点とした。白檀やナツメグは金より高値がついた。

その分、敵は多かった。競争相手の英、蘭が襲ってくるし、原住民も危険だったが、人口小国の本国に増派する軍隊などなかった。

ただ多くの植民地を手掛けてきたポルトガル人には手だてはあった。

以下は英旅行作家ノーマン・ルイスの東ティモール見聞記の一節だ。

「兵士どもは真っ黒だが目鼻立ちが白人のそれを思わせるのはポルトガル兵士がここに子孫を残したことを示す。新たな植民地を防衛するのに必要な兵力を自分たちの息子で賄うべく現地の女を抱けという命令に諾々と従った結果なのだ」

女はメラネシア系で黒く体臭もきつい。「諾々」とは楽しんで犯したわけじゃないほどの意味だ。

生まれた子はハーフカスと呼ばれた。原義は英国人がインド人女性に産ませた混血児の意だが、今では白人がアジア女に産ませた混血児の総称に使われる。

東ティモールのハーフカスは長じて兵士になり、父から銃と白人の面影とポルトガル風の名を貰う。シャナナ・グスマンとかラモス・ホルタとか。

それで外敵が来れば戦い、原住民が騒げば、それがたとえ母の身内だろうと容赦なく撃ち殺した。

ハーフカスには準支配者の地位が与えられた。

しかし今さら香料でもなくなった1970年代。ポルトガルは予算不足のためこの島を70万島民ごと捨てて立ち去った。

道路も学校も統一言語もない。そんなところをそれでも面倒見ようという奇特な人がいた。隣の西ティモールまで治めていたインドネシアのスハルトだ。

かつて日本が3年間、面倒見た時のようにこの国は島民にインドネシア語を与え、学校を作り、道路も電気も通した。

島民は喜んだがハーフカスは違った。

「俺たちは白人混血児だ」と言ってもスハルトはそれがどうしたと相手にもしないどころか、そこらの原住民と同じに扱った。

そんな折に国連調査で同島沖合に海底油田が見つかった。

ハーフカスは白人の血の誼《よしみ》で豪州に東ティモール独立の支援を頼んだ。お礼は海底油田の利権の一割でどうだろうか。

かくて「インドネシアが島民を虐待する」という偽りの独立運動が起き、それは成功した。大統領シャナナ・グスマン以下主だった幹部はみなハーフカスだった。

なんとも理不尽な話だが、もっとふざけた話が沖縄で進行している。

こちらの発端は香料ではなくて硫黄だった。時代は明の開祖、朱元璋まで遡る。

彼は国防に青銅製の銃砲と大砲を多数調えたが、肝心の火薬に事欠いた。

原料のうち木炭硝石はあっても中国には火山がない。つまり硫黄がない。日本に頼めばいいけれど日本は最大の仮想敵。国防の要を依存するのは具合が悪かった。

で、朱元璋は日本の番外地、琉球に目を付けた。ここにはふんだんに硫黄を噴き出す硫黄鳥島がある。

彼は36人の中国人を琉球に送り込み、硫黄を朝貢品に仕立てた。

朱元璋は喜び、琉球王に豪華な返礼品を与えた。琉球王は大金持ちになった。

仲介の36人衆は琉球王朝の貴族以上に列せられ、準支配者の座を獲得した。

彼らは那覇に近い久米地区に住んだから久米の人クニンダーと呼ばれ、特権階級の代名詞にもなった。

明が清に代わっても硫黄は大事で、36人衆は東南アジアの華僑並みに権勢を誇ったが、日本は明治になって琉球無番地をやめて政府直轄の沖縄県とした。

東ティモールで言えばインドネシア併合みたいなもので、クニンダーこと中国人ハーフカスはその地位を失った。

彼らは清に琉球を奪取するよう願い出たが、清はまともだから動かなかった。

しかし今の習近平は違う。仲井眞だとかの中国人ハーフカスを支援して沖縄の独立を促し、併呑まで考えている。

知事のデニーも習近平に媚びるが、お前はアメリカのハーフカスだろが。


（二〇二三年九月七日号）

*初出「週刊新潮」二〇二二年九月〜二〇二三年九月

高山正之　Takayama Masayuki

1942年生まれ。ジャーナリスト。1965年、東京都立大学卒業後、産経新聞社入社。社会部デスクを経て、テヘラン、ロサンゼルス各支局長。98年より3年間、産経新聞夕刊1面にて時事コラム「異見自在」を担当し、その辛口ぶりが評判となる。2001年から07年まで帝京大学教授。著書に変見自在シリーズ『サダム・フセインは偉かった』『スーチー女史は善人か』『ジョージ・ブッシュが日本を救った』『オバマ大統領は黒人か』『偉人リンカーンは奴隷好き』『サンデルよ、「正義」を教えよう』『日本よ、カダフィ大佐に学べ』『マッカーサーは慰安婦がお好き』『ロシアとアメリカ、どちらが本当の悪《ワル》か』『習近平と朝日、どちらが本当の反日か』『朝日は今日も腹黒い』『トランプ、ウソつかない』『習近平は日本語で脅す』『韓国への絶縁状』『中国は2020年で終わる』『コロナが教えてくれた大悪党』『中国への断交宣言』『バイデンは赤い』『新聞は偉そうに嘘をつく』（いずれも新潮社）『日本人よ強かになれ』（ワック）など多数。

変見自在《へんけんじざい》　ヒットラーは生《い》きている

著　者　高山正之《たかやままさゆき》
発　行　2024年12月15日

発行者　佐藤隆信
発行所　株式会社新潮社　〒162-8711　東京都新宿区矢来町71
電話　編集部　03-3266-5611
読者係　03-3266-5111
https://www.shinchosha.co.jp
装　幀　新潮社装幀室
組　版　新潮社デジタル編集支援室
印刷所　株式会社光邦
製本所　大口製本印刷株式会社

ISBN978-4-10-305891-5 C0095
価格はカバーに表示してあります。